AB NACH THAILAND. DER THAILAND REPORT.

Hartz IV? Kleine Rente?

Ich wandere aus nach Thailand
Wie man Mit 500€ und Internet in Thailand klasse leben kann!

Heinz Duthel

Copyright © 2015 Heinz Duthel
All rights reserved.
Herstellung und Verlag:
BoD - Books on Demand, Norderstedt
ISBN-9783734765629

WIDMUNG
Bangkok, 1992 – 2009, Thailand,
Das Land in dem ich gluecklich war und bin.

AB NACH THAILAND. DER THAILAND REPORT. MIT 500€ UND INTERNET KLASSE LEBEN!

Der Thailand Report. Hartz IV? Kleine Rente?
Ich wandere aus nach Thailand
Wie man Mit 500€ und Internet in Thailand klasse leben kann!

Sicher kennen Sie es auch von Stammtischgesprächen in typisch deutschen Schnitzelstuben und Biergärten, bei denen die sogenannten "Langzeitler" sich über die "Thais" unterhalten. Mit der grössten Klappe voran immer diejenigen, die erst am kürzesten hier sind, ihnen aber Thailand komplett erklären können, bzw. meinen das zu können.

Auch werden Sie da festgestellt haben, dass es immer Einige gibt, die scheinbar permanent von einem Problem ins andere taumeln. Nennen wir eine solche Person in diesem Teil einfach mal Hans.

Hans lebt seit 3 Jahren in Khao Lak und hat Probleme mit der Einwanderungsbehörde, hat Probleme mit dem Mitbewerber von Gegenüber, Hans bekommt Todesdrohungen am Telefon von der Ex-Thaifreundin, eine Flasche Bier über den Kopf gezogen bekam er neulich von einem "Kathoey" (Transsexueller) beim letzten Barbesuch – neun Stiche….

Die Telefonbehörde verweigert Hans einen Besuch zur Reparatur der Leitung und obendrein hat ihm der "Küchenheini" die Einbauküche nur halbfertig hinterlassen, worauf er natürlich sofort geklagt und die Restzahlung einbehalten hat. Natürlich sind für Hans immer die Anderen, die Thais, Schuld.

Am Tisch sitzt auch Freddie, seit 15 Jahren in Thailand, der ausser einem zweitägigem Overstay (Visa überzogen) aus Krankheitsgründen bisher über keine grösseren Knüppel springen musste. Zu den Thais fällt ihm weniger Negatives ein als zu seinen eigenen Landsleuten, und überhaupt ist Freddie ziemlich enstpannt und lebt nach der Devise, dass man a) hier Gast ist und b) es immer aus dem Wald heraus schallt, wie man hineinruft. Natürlich hat auch Freddie Höhen und Tiefen in seinen 15 Jahren Thailand durchlebt, Trennungen mit unzähligen Freundinnen, von den eigenen Landsmännern übers Ohr gehauen und aus dem selbst aufgebauten Business gedrängt, eine verbeulte Stosstange hier, ein Knöllchen für den fehlenden Helm dort. Aber alles in Allem ist jeder Sturm an Freddie ohne grösseren Schaden für Körper und Gesundheit vorbeigezogen.

So sitzt Freddie lächelnd da, während er dem wild Gestikulierendem Hans lauscht und sich dabei fragt, wie lange Hans das noch so ohne Herzattacke oder Schlaganfall weitermachen wird. Leute wie Hans beenden ihre Ausführungen dann meist mit: "Ich glaub ich geh nach Deutschland zurück." Als wenn damit alle seine Probleme auf einmal in gar magischer Weise gelöst wären... Hans hat leider nicht erkannt, dass er selbst das Problem ist und er sich selber im Weg steht. Hans hat Freddie nie in einer ruhigen Minute gefragt, "Mensch, wie machst Du das? 15 Jahre – ich täte durchdrehen." Sicher hätte Freddie ihm dann wertvolle Hinweise dazu gegeben, wie man hier in Thailand (über)lebt.

Freddie hätte Hans gesagt, dass ein ehrlich gemeintes Lächeln, ein freundliches Wort, eine nette Geste, eine Tüte Früchte hier oder dort, oder auch mal eine Flasche Black Label an die richtige Person verschenkt, Türen aufschliessen, die dem wild gestikulierendem, schreiendem, rotköpfigem Stress-Farang

(Farang=Europäer in Thai) für immer verschlossen bleiben werden.

Auch hätte Freddie ihm gesagt, dass Ignoranz und fehlende Thai Sprachkenntnisse automatisch zu Missverstaendnissen führen und Hans ans Herz gelegt, dass er bitte endlich Thai lernen soll. Thai reden und verstehen ist bereits Genug, um den Thailändern zu zeigen, dass man dieses Land und seine Einwohner respektiert und generell an einer Anpassung an die Gegebenheiten arbeitet. Aber leider ist es oft so, dass das alte Sprichwort greift: Was Hänschen nicht lernt, das lernt Hans nimmermehr.

Warum wollen Sie dieses wunderschöne Land eigentlich verlassen? Wir haben hier herrliche Landschaften, Seen, Berge und Flüsse und sogar Meer mit Strand dabei.

Leider haben wir oft nicht mehr das Geld und auch nicht mehr die Zeit alle diese Schönheiten zu genießen. Viele wollen aber auch nicht die vermeintliche Sicherheit in Deutschland (Lang lebe unsere Rentenversicherung) oder ihre Arbeitsstelle aufgeben.

Sollten Sie es trotzdem leid sein mehr als 50% Ihres sauer verdienten Geldes an den Staat abzugeben, damit davon zahlreiche fragwürdige Objekte subventioniert werden können, heißt die Devise: Weg aus Deutschland! Hier einige Tipps, die sie beim Verlassen von Good Old Germany beachten sollten:

Behalten Sie, wenn es geht, zunächst ihren Wohnsitz in Deutschland! Sie brauchen sich nicht unbedingt beim Einwohnermeldeamt abmelden. Es reicht ein kurzer Bescheid ans Finanzamt wegen der Steuererklärung. Wenn man sich in Thailand eingelebt und sein Leben dort neu sortiert hat, kann man sich später immer noch in Deutschland abmelden. Wenn Sie sich in Deutschland abmelden möchten, beachten Sie bitte, daß die günstigen Langzeit-Auslandskrankenversicherungen von ADAC, DKV und Hanse Merkur einen Wohnsitz in Deutschland voraussetzen.

Schließen Sie unbedingt eine weltweit und langfristig gültige Auslands-krankenversicherung ab. Entsprechende Angebote finden Sie auf der Linkseite und unter Krankenversicherung Thailand.

Lassen Sie sich vor der Abreise auch von einem Steuerberater beraten, wenn Sie weiterhin steuerbare Einkünfte wie Rente, Mieteinnahmen, Zinsen etc. in Deutschland haben.

Melden Sie auf der örtlichen Gemeindeverwaltung die Müllabfuhr ab! Das sind jährliche Kosten von ca. 60,- Euro pro Person. Die Abmeldung kann jeweils Quartalsweise (auch für mehrere Quartale im Voraus) gemacht werden.

Melden Sie sich auch unbedingt bei der GEZ ab, wenn Sie für immer nach Thailand gehen.

Lassen Sie sich bezüglich Ihrer Rente von den zuständigen Stellen beraten und schließen Sie ggf. eine entsprechende private Altersvorsorge ab.

Wenn Sie Rente o. ä. in Deutschland beziehen, machen Sie bei der Bank einen Dauerauftrag zum Überweisen Ihrs Geldes auf ein Konto in Thailand oder eröffnen Sie ein kostenloses Online Konto bei der DKB. Mit der damit verbundenen und ebenfalls kostenlosen VISA Karte können Sie weltweit (auch in Thailand) gebührenfrei Bargeld abheben, an fast allen Geldautomaten. Hier anmelden!

Geben Sie evtl. nicht alles auf im eigenen Land. Wenn Sie eine Wohnung auflösen wollen, können Sie vieleicht ein paar wichtige Sachen bei Bekannten oder Verwandten unterstellen, für den Fall das es "in die Hose geht".

Jeder, der mit dem Gedanken spielt in Thailand zu leben, sollte sich darüber im Klaren sein, daß es ein richtiges "Auswandern nach Thailand" nicht gibt. Die gegenwärtige Gesetzeslage in Thailand und die Visa Bestimmungen erlauben es uns maximal für eine bestimmte Zeit als Gast im Land des Lächelns zu sein. Daneben gibt es natürlich jede Menge Ausländer, die sich auf die ein oder andere Weise schon seit 10 oder 20 Jahren in Thailand aufhalten.

Einige von ihnen haben eine Art Jahresvisum oder ein normales Non Immigrant Visum oder ein Touristenvisum, mit dem sie zumindest alle zwei bis drei Monate mal zur Grenze müssen. Andere haben sich Jahrelang auf Basis des "30 Tage Einreisestempels" in Thailand aufgehalten. Letztere Version gestaltet sich allerdings seit Oktober 2014, wo die Einreisebestimmungen in Thailand verschärft wurden, etwas schwierig.

Es soll sogar Leute geben, die von Deutschland (oder anderen Ländern) so die Schnauze voll haben, daß sie gar die thailändische Staatsbürgerschaft annehmen wollen, mit allen Konsequenzen wie Reisebeschränkungen und Visapflicht etwa für Deutschland. Soweit muß es denn aber doch nicht kommen...

Das Höchste, was man als Ausländer theoretisch in Thailand erreichen kann, wäre eine Daueraufenthaltserlaubnis, ich kenne allerdings niemanden persönlich, der eine solche jemals erhalten hätte. Dafür müßte man erstmal 3 Jahre am Stück auf Basis eines Non Immigrant Visums im Land sein (ohne Unterbrechung mit nur einem Visum) und dann, neben einigen anderen Voraussetzungen, auch noch die "Application Fee" von 7600,- Baht nur für die Beantragung hinterlegen, die wiederum recht unwahrscheinlich ist, da diese Permanent Resident Permit nur für 100 Leute pro Jahr und Land vergeben wird. Es können also theoretisch maximal 100 Deutsche pro Jahr eine solche Erlaubnis bekommen. Dieses Deposit ist außerdem "non refundable", wenn der Antrag abgelehnt wird, wird also nichts zurück erstattet. Im Falle einer Zuteilung, wird noch die "Gebühr für die Ausstellung" von 196.400,- Baht fällig.

Auch wenn man diese Resident Permit hätte, wäre man trotzdem den Beschränkungen für Ausländer in Thailand unterworfen, bezüglich Arbeitserlaubnis oder Landkauf in Thailand. Man spart sich also maximal die ständigen Ausreisen oder den jährlichen Gang zur Immigration zur Verlängerung des Jahresvisums. (Es gibt auch kein richtiges Jahresvisum für Thailand, mehr dazu unter "Visum für Thailand"

Vergessen wir also mal den Traum von der Daueraufenthaltserlaubnis oder der thailändischen Staatsbürgerschaft und konzentrieren wir uns darauf, in Thailand auf eine zunächst unbestimmte Zeit, als "Gast" zu leben...

Irgendwann macht man alles das erste Mal. So ist es auch mit dem ersten Aufenthalt in Thailand. Doch dieser erste Aufenthalt muß nicht gleichzeitig auch eine Entscheidung für den Rest des Lebens oder für eine Auswanderung sein. Das Internet und auch meine Mailbox ist voll von Fragen von Auswanderungswilligen aus denen hervorgeht, dass sie noch nie im Leben in Thailand waren und von den Gegebenheiten vor Ort nicht die geringste Ahnung haben. Trotzdem wollen sie sofort dorthin Auswandern mit allen Konsequenzen die das nunmal mit sich bringt.

Ich möchte dringend jedem raten der in Thailand leben möchte, mindestens ein oder zwei mal vorher in Urlaub dort gewesen zu sein. Diese Aufenthalte kann man ruhig bei einem Reiseveranstalter buchen, dadurch hat man vor Ort in Thailand ausreichend Zeit, sich um das zukünftige Leben in Thailand zu kümmern. Dabei sollte man versuchen, möglichst viele der für ein Leben oder für ein Geschäft in Frage kommenden Orte zu besichtigen und sich nicht gleich auf den Ort des ersten Aufenthalts festlegen. Diesen Fehler machen leider viele.

Hier finden Sie günstige Angebote für einen ersten Thailand Aufenthalt:

Günstige Flüge nach Thailand, manchmal schon für unter 400,- € www.swoodoo.com und vor allem qatarairways.com
Günstige Pauschalangebote schon für knapp über 600,-€

Wenn Sie nur ein Hotelzimmer brauchen, schauen Sie bei den Hotelangeboten vorbei. Bei unseren Hotelangeboten zahlen Sie immer nur den Zimmerpreis pro Tag, egal ob Sie mit 1 oder 2 Personen darin wohnen!

Bei einem ersten Urlaub in Thailand kann man dann schon mal etwas hinter die Kulissen blicken, sich nach langfristigen Unterkünften umsehen, die Preise in Thailand auskundschaften, sich mit anderen "Expats" über die Situation vor Ort unterhalten oder vielleicht auch die eigene Geschäftsidee auf Machbarkeit überprüfen, also ein bißchen Marktforschung betreiben.

Insbesondere bei den Gesprächen mit anderen Expats sollte man darauf achten, erstmal nichts vom eigenen Vorhaben ein Geschäft zu eröffnen zu erzählen und vor allem keinem erzählen wieviel Geld man zu Verfügung hat. Es reicht völlig den anderen wissen zu lassen, das man vielleicht in Thailand leben möchte. Oft wissen die anderen nämlich, wo gerade ein schönes Haus zu vermieten ist oder jemand seine Einrichtung verkauft, weil er zurück nach Deutschland muß. Derartige Informationen können sehr hilfreich sein.

Vorsicht an dieser Stelle aber auch vor falschen Ratgebern, deren Beratung nur darauf ausgelegt ist Geld zu verdienen. Da wird man schnell mal zu irgenwelchen Geschäften gezerrt oder zu Maklern oder Anwälten geschleppt, nur mit dem Hintergedanken anschließend eine "Komission" für das abgeschlossene Geschäft oder den Vertrag zu erhalten. Je größer das Geschäft, desto besser der Verdienst. Es gibt genügend Leute, die sich damit in Thailand gut über Wasser halten können. Das muß freilich nicht immer ein schräges Geschäft sein, was dabei abgeschlossen wird aber man sollte sich über die Preise in Thailand vorher informieren und sich insbesondere mit Preisen nicht übers Ohr hauen lassen.

So ein erster Urlaub in Thailand kostet natürlich etwas Geld aber diese Investition sollte man schon tätigen, wenn man mit dem Gedanken spielt möglicherweise den Rest seines Lebens dort zu verbringen.

Die thailändische Regierung hat sich in den letzten Jahren nicht gerade mit Ruhm bekleckert, wenn es darum ging, Ausländer für das Land zu interessieren, Investoren anzulocken oder auch nur ausländische Residententen (Rentner) zu gewinnen oder zu halten.

Vielmehr hat man die Visavorschriften derart verschärft, das es einer unter 50 jährigen, nicht mit einer Thai verheirateten Person, zumindest theoretisch unmöglich ist, sich für längere Zeit oder dauerhaft legal im Land aufzuhalten. Über 50 Jährige und Personen, die in Thailand eine eigene Firma oder einen legalen, gut bezahlten Job finden, oder mit einer Thai verheiratet sind haben da weniger Probleme.

Wie auch immer, aufgrund der zunehmend komplizierten Gesetzgebung für Ausländer, überlegen sich viele Auswanderungswillige ob nicht auch ein anderes Land als Thailand in Frage kommen könnte. Ich habe hier mal ein paar Beispiele aufgelistet.

Die Philippinen: Nur ca. 3 Flugstunden von Thailand entfernt, kann sich jeder deutsche Staatsbürger gänzlich ohne Visum problemlos bis zu 16 Monate am Stück im Land aufhalten. Man muß lediglich alle 2 Monate zur Immigration und eine kostenpflichtige Verlängerung machen. Noch einfacher haben es Personen, die mit einer Filipina verheiratet sind oder die ein ausreichendes Kapital mitbringen, die bekommen nämlich relativ problemlos eine Daueraufenthaltserlaubnis.

Auch das Nachbarland Malaysia ist eine echte Alternative zu Thailand. Deutsche erhalten schon bei der Einreise ohne Visum eine Aufenthaltserlaubnis von 3 Monaten. Wie oft man das hintereinander wiederholen kann, weiß ich im Moment nicht aber ein 2. Mal ist sicher kein Problem. Ich habe selbst mal einen Sommer lang (Mai - Oktober) in Malaysia gewohnt und gejobbt, nach 3 Monaten eine Ausreise nach Singapur, ein bischen Shoppen und wieder zurück, kein Problem.

Auf dieser Basis ist zumindest Überwintern kein Problem. Das Klima ist das Gleiche wie in Thailand, es gibt super Strände und Inseln. Für Rentner gibt es außerdem ein Retire Programm, mit dem es möglich ist, eine langfristige Aufenthaltserlaubnis zu bekommen (5 Jahre, Verlängerungen möglich) Die Bedingungen dafür liegen aber etwas höher als für die Jahresverlängerung in Thailand: 150.000 Ringit* auf einem Festgeldkonto oder 7.000,- Ringit* monatl. Einkommen (Rente) aber dafür gibt es eben gleich 5 Jahre anstelle von nur einem in Thailand. (* Entspricht ca. 31.780,- oder 1.480,- Euro)

Singapur ist dagegen eher etwas für Leute, die Geld haben und sich damit abfinden können in einer Apartmentwohnung in einer Hochhaussiedlung zu wohnen. Die kleinen Häuser und Bungalows, das Leben am Strand, wie man es von Thailand her kennt, sucht man in Singapur, wegen Platzmangel, vergeblich. Singapur ist dagegen eine super moderne Stadt, super sauber aber auch super überreguliert. Für allerlei Ordnungswiedrigkeiten wie Kaugummi kauen, Zigarette wegschmeißen, Spucken usw. gibt es hohe Ordnungsstrafen von meistens 500,- S$ (ca. 250 €). Ich glaube nicht wirklich, das Singapur eine echte Alternative zu Thailand ist aber wenn doch, kann man sich hier die nötigen Informationen zu den Einreisebestimmungen etc. ansehen. Vor allem aber sollte man sich Singapur einmal ansehen, es ist immer eine Reise wert.

Für die unterschiedlichen Bedürfnisse und verschiedene Personenkreise, gibt es auch verschiedene Möglichkeiten den Flug von und nach Thailand möglichst kostengünstig zu gestalten. Sei es nun für einen kurzen Urlaub in Thailand, zum Überwintern für bis zu 6 Monate oder gar für Leute die eigentlich für immer in Thailand bleiben wollen und vielleicht nur einmal im Jahr für ein paar Wochen in die kalte Heimat fliegen wollen oder müssen.
Thema One Way Ticket:

Der Gedanke, mit einem One Way Ticket nach Thailand zu fliegen und sich erst bei Bedarf einen Rückflug nach Deutschland zu kaufen, ist berechtigt aber nur selten durchfürbar. Wegen des komplexen Themas, habe ich dazu eine Extra Seite erstellt: One Way Ticket nach Thailand.

Urlaub in Thailand:
Wer nur für eine kurzen Urlaub von ca. 2 - 4 Wochen nach Thailand reisen möchte und dies möglichst billig, sollte dies am besten in der Nebensaison tun und ein kurzfristiges Last Minute Angebot buchen. Dazu kann man entweder den Flug und das Hotel in Thailand getrennt buchen oder man greift auf ein günstiges Pauschalangebot (Flug & Hotel) zurück.

Billige Flugtickets nach Thailand oder eben die billigen Pauschalangebote sind auch eine gute Lösung für Langzeiturlauber, die eigentlich mit einem One Way Ticket fliegen wollten aber mit den Visabstimmungen im Konflikt stehen. Diese billigen Last Minute Tickets sind meistens billiger als ein One Way Ticket und man kann den Rückflug einfach verfallen lassen.

Hier finden Sie günstige Angebote für Ihren Thailandaufentalt:

Günstige Flüge nach Thailand, manchmal schon für unter 400,- zum Besipile bei EBay-

Mit dem Vielfliegerprogramm Guest von qatarairways.com können sie Bonusmeilen sammeln, wenn sie nach Thailand fliegen und besondere Leistungen (wie zb. first class/priority check in) erhalten

Günstige Pauschalangebote schon für knapp über 600,- €:
- Bangkok & Umgebung
- Pattaya
- Region Phuket
- Region Khao Lak
- Region Krabi
- Insel Koh Samui

Wenn Sie nur ein Hotelzimmer brauchen, schauen Sie bei den Hotelangeboten vorbei. Bei unseren Hotelangeboten zahlen Sie immer nur den Zimmerpreis pro Tag, egal ob Sie mit 1 oder 2 Personen darin wohnen! http://ido24.com/bildtv.in/bangkok

Überwintern in Thailand:
Wer in Thailand nur überwintern will (bis zu 6 Monate), sollte sich rechtzeitig vorher ein entsprechend langfristig gültiges Rückreiseticket kaufen. Flugtickets mit einer Gültigkeit von 6 Monaten und mehr, kann man oft recht günstig bei den Airlines direkt buchen, z: Bsp. bei Qatar Airways oder Etihad. Manchmal haben aber auch auf Thailandreisen spezialisierte Reisebüros tolle Angebote für Langzeittouristen auf Lager.

Mit Billigfliegern bis nach Bangkok, geht das?

Langfristig in Thailand bleiben:
Wer dauerhaft in Thailand bleiben will und vielleicht nur einmal im Jahr für ein paar Wochen zwecks neunen Visums nach Deutschland fliegen will, sollte oben besprochene Methode Anwenden, sich ein billiges Ticket kaufen und den Rückflug einfach verfallen lassen. Für die kurzfristigen Aufenthalte in Deutschland, Schweiz oder Österreich, kauft man sich dann ein

günstiges, bis zu 3 Monate gültiges Ticket (Hin und Rückflug) in Thailand, vorzugsweise in Bangkok. Also zum z. Bsp. BKK - FRA - BKK!

Alternative Flugrouten nach Thailand

Ticketkauf in Bangkok:

Ein beliebter Aufenthaltsort für Expats in Bangkok ist die Sukhumvit Road. Hier kann man vor der Reise nach Europa noch ein paar Sachen für die Lieben daheim einkaufen und vor allem ist an jeder Straßenecke ein Reisebüro, wo es günstige Tickets gibt. Es hat hier noch nie länger als 2 Tage gedauert, bis ich ein Ticket hatte und losgeflogen bin. Ich will damit sagen, Sie brauchen Ihren Heimflug nicht ein halbes Jahr vorher zu buchen. Einfach nach Bangkok kommen, Ticket kaufen und am nächsten oder übernächsten Tag losfliegen.

Folgende Airlines fliegen sehr günstig, in der Regel schon ab ca. 600,- € die Route BKK - FRA:

    Aeroflot (über Moskau)
    Etihad Airways (über Abu Dabi)
    Gulf Air (über Barain)
    Kuwait (über Kuwait)
    Malaysian (z. Bsp. Phuket-KL-FRA) Sie sparen den Trip nach Bangkok!
    Qatar Airways (über Doha)
    Saudi Arabian Airlines (über Jeddah oder Rihad)

Andere Airlines (etwas teurer): Thai, Singapore Airlines, Lufthansa, China Airlines, Emirates & Cathay Pacific. Andere fallen mir im Moment nicht ein.

Wenn die mehr oder weniger endgültige Abreise nach Thailand naht, stellt sich automatisch die Frage des Umzugs. Was soll man nach Thailand mitnehmen, was sollte man besser in Deutschland lassen und verkaufen?

Viele Auswanderer packen gar ihren ganzen Hausrat in einen Container und verschiffen diesen für viel Geld nach Thailand. Dort wartet dann der Zoll mit weiteren Kosten und der Weitertransport zum endgültigen Wohnort muß auch noch organisiert werden. Um es kurz zu machen: Das ist eine größere Angelegenheit, die viel Nerven und vor allem Geld kostet.

Meiner Meinung nach ist es viel günstiger den ganzen Ramsch in Deutschland via Ebay & Co. zu verscherbeln und in Thailand einen kompletten Neuanfang hinzulegen. Das gilt für alles was man so hat, vom Auto oder Motorrad über die Waschmaschiene bis hin zu Möbeln und Klamotten. Hier einige Punkte, die man dabei bedenken sollte:

Das Haus oder die Wohnung ist in Thailand in der Regel wesentlich kleiner als in Deutschland (das ist auch gut so, denn es macht auch weniger Arbeit) und die vielen Möbel hätten dort eh keinen Platz. Bitte dabei auch bedenken, daß man sich in Thailand hauptsächlich draußen auf der Terrasse oder am Meer aufhält, anders als in Deutschland, wo das Leben fast nur in der Wohnung stattfindet.

Man kann alle Gegenstände des täglichen Bedarfs (Waschmaschiene, TV, Stereo, Computer, Geschirr usw. in Thailand kaufen, zum Teil wesentlich günstiger als in Deutschland. Wofür also noch extra Geld für den Umzug ausgeben.

Landestypische Einrichtungsgegenstände wie etwa Rattanmöbel kann man sich vielerorts für wenig Geld von Hand anfertigen lassen.

Einige Gegenstände von denen man nicht lassen kann oder will, kann man auch per Luftfracht verschicken, das kostet weniger als mache glauben. (ca. 3-4,- € pro Kg) Am Flughafen in Bangkok bekommt man die Sachen wesentlich einfacher aus dem Zoll als am Seehafen. (Das ist übrigens auch in Deutschland so)

Wer es trotzdem nicht lassen kann und unbedingt einen Container verschicken will, muß mit Kosten von ca. 2000 - 3000 € rechnen. Einige Speditionen bieten auch einen Tür zu Tür Service, inklusive Verzollung an. Für derartige Unternehmungen kann man z. Bsp. die großen Speditionen Kühne & Nagel oder Schenker kontaktierten. Die haben sowohl in Deutschland als auch in Thailand eigene Niederlassungen.

Grundsätzlich kann man sagen, daß Sie schon mal in Thailand auf Urlaub gewesen sein sollten, bevor Sie sich dort für länger niederlassen. Da haben wir schon mal einen Anhaltpunkt. Thailand hat aber viele interessante Ecken und Sie sollten sich ein paar davon zumindest anschauen bevor Sie sich entscheiden.

Die meißten Ausländer wohnen zumindest in der Nähe eines Touristenortes und das ist auch richtig so. Hier kann man fast alles kaufen was man braucht und es ist nicht so langweilig wie irgendwo in der Provinz. Außerdem gibt es an solchen Ecken jede Menge schöne

Häuser und Wohnungen zum Mieten oder Kaufen. Diese Unterkünfte für "Langzeitler" befinden sich meistens nicht in Strandnähe sondern ein bißchen im direkt angrenzenden Hinterland, ca. 2-3 km vom Strand entfernt. Dort ist das Land und damit auch die Unterkunft um ein vielfaches billiger als in Strandnähe.

Wenn Sie also erstmal auf Urlaub da sind, mieten Sie sich ein Moped oder Auto und fahren Sie ein bißchen im Hinterland rum und suchen Sie sich was passendes. Eine gute Anlaufadresse sind auch z.B. Tauchschulen oder ausländische Restaurants, die wissen immer wo und was gerade so frei ist. Manche Restaurants haben sogar ein schwarzes Brett, wo jede Menge Wohnungen, Häuser und Autos von privat zum Verkauf oder zur Vermietung angeboten werden.

Als Wohnort sollten Sie sich einen der folgenden aussuchen:

Pattaya - hier kann man wegen eines Überangebots sehr günstig Häuser mieten mit hervoragender Ausstattung (z.B. Swimmingpool) und Sie sind nicht zuweit von Bangkok weg.
Nachteil: Nicht so schöne Landschaft, etwas problematischer mit den regelmäßigen Ausreisen.....
Phuket - Viele schöne Häuser und Wohnungen z.B. in Patong in "Ban Na Nai! Das ist die 2. Parallelstraße vom Strand weg. Aber auch an den anderen Stränden unzählige Wohnungen und kleine Häuser zum vermieten.

Nachteil: Etwas teurer als anderswo.

Koh Samui - Schon der Name zergeht auf der Zunge. Unzählige weiße Strände Auf ca. 60 Km Umfang verteilt. Auch hier hat man in den letzten Jahren viele Unterkünfte für Langzeitler in allen Preisklassen gebaut. Manchmal etws versteckt und schwierig zu finden,- Fragen! Koh Samui ist weit entwickelt und auch hier können Sie alles kaufen.

Einziger Nachteil: Sie befinden sich auf einer Insel! Ausreisen sind manchmal etwas langwierig: Taxi - Fähre - Bus, usw...

Krabi - Die meißten Ausländer wohnen hier entweder direkt in der kleinen Stadt, oder am Ao Nang Strand. Seit Krabi einen eigenen Flughafen hat, gibt es hier hervorragende Verkehrsanbindungen und auch die Landstraßen sind in sehr gutem Zustand und laden zum Motoradfahren durch die spektakuläre Landschaft ein.

Chiang Mai: Auch ein Ort in Thailand, wo sich viele Ausländer niederlassen aber nichts für mich, da zu weit weg vom Meer. Chiang Mai liegt im Norden Thailands und ist etwas kühler als der Süden und man kann hier sehr günstig lokale Handarbeitsprodukte, wie etwa Schnitzereinen & Möbel kaufen. Gut, wenn man etwa ein Export Geschäft aufziehen möchte.

Issan: Eigentlich das Armenhaus aber auch die Reisquelle Thailands. Ich möchte hier nicht unbeding leben aber es gibt inzwischen schon fast ganze Dörfer, die von Farrangs hochgezogen wurden, zu erkennen an den blauen Dächern. Nicht immer wohnen die Farangs auch in ihren Häusern, manchmal haben sie diese auch nur finanziert. Wer also unbedingt ein Farmer werden will, bitte sehr

Meine Empfehlung lautet, sich für die ersten Tage in Thailand ein Hotel zu suchen, bis man eine Wohnung oder ein Haus zum mieten gefunden hat. Das kann man entweder über eine Pauschlareise erledigen oder indem man Flug und Hotel getrennt bucht.
Hier habe ich daher eine Hotelliste für die wichtigsten Touristenorte in Thailand mit Buchungsmöglichkeit für Sie aufgelistet:

Der große Vorteil: Sie buchen & bezahlen das Zimmer nur einmal, egal ob Sie mit 1 oder 2 Personen reisen. Sie buchen dabei direkt bei den Hotels über das Buchungssystem von R24 oder IDO24, für die Durchführung der Leistung sind die Hotels verantwortlich.

Es gibt viele Ehepaare, die mit Kindern nach Thailand auswandern und sich dort niederlassen möchten. Das ist aber ein kleines Problem und führt meistens zur frühzeitigen Heimreise nach Deutschland.

Deutsche, die mit einer Thai verheiratet sind, in Thailand leben und dort gemeinsame Kinder haben, schicken diese oft in die normale örtliche Thaischule. Das ist bezahlbar und die Schulen stehen selbst in der Provinz überall zur Verfügung. Leider ist das Bildungsniveau in diesen Schulen entsprechend gering und dafür weit über die Grenzen Thailands hinaus bekannt. Der Unterricht findet nur in Thai statt, Wiedersprechen oder gar Diskussionen mit dem Lehrer sind ausgeschlossen und führen oftmals zum Ausschluß. Das passiert insbesondere dann, wenn man als Vater den Kindern zu Hause etwas erklärt, was der Lehrer offensichtlich falsch gesagt hat (etwa im Englisch

Unterricht) und das Kind das dann in der Klasse kundtut. Der Lehrer verliert sein Gesicht und das war's dann. Schulwechsel!

Wenn nun ein deutsch-deutsches Ehepaar mit Kind nach Thailand kommt, möchte man das Kind der besseren Bildung wegen gerne auf eine deutschsprachige Schule oder zumindest eine internationale Schule schicken. Diese sind aber wiederum sehr dünn gesät und außerdem, zumindest für meine Verhältnisse, sündhaft teuer. Aufnahmegebühren von 3000,-Euro und mehr, sowie monatliche Gebühren im Bereich von ca. 400,-Euros aufwärts sind die Regel. Das sollte man sich schon genau überlegen.

Insgesamt kann man sagen, das auch die Kinder selbst mit ihrem Umfeld in Thailand nicht besonders glücklich sind. Das gilt insbesondere dann, wenn sie vorher schon einige Jahre in Deutschland gelebt haben.

Mein Tipp: Mit dem Auswandern warten bis "die Kinder aus dem Haus sind", außer man hat genug Geld um alles zu bezahlen.

Deutschsprachige Schulen habe ich nur in Chiang Mai und Bangkok gefunden:
hier: http://www.cdscm.org/ und hier: http://www.dssb.org/
Internationale Schulen mit Unterricht in Englisch gibt es in Phuket, Bangkok, Chiang Mai, und Pattaya. Hier einige Links dieser Schulen:
http://www.kis.ac.th/home.html
http://www.rasami.ac.th/cms/index.html
http://www.rcinternationalschool.com/
http://www.premcenter.in.th/

http://www.kkvs.ac.th/

Es häufen sich Anfragen, ob und wie man Haustiere mit nach Thailand nehmen kann. Hier ein paar allgemeine Informationen dazu:

Der Transport von Hunden und Katzen nach Thailand, stellt erst mal kein all zu großes Problem dar. Die meisten Fluggesellschaften erlauben grundsätzlich den Transport von Tieren. Kleinere Tiere können manchmal sogar in der Kabine mitgeführt werden, wenn sie die Maße und das Gewicht von erlaubtem Handgepäck nicht überschreiten. Ansonsten müssen sie in einer ausreichend dimensionierten und dafür vorgesehenen Transportbox, quasi als Cargo und zusammen mit Koffern und Taschen im Bauch des Fliegers transportiert werden. Fragen Sie aber unbedingt vorher bei der Fluggesellschaft nach, die Vorschriften können da von Gesellschaft zu Gesellschaft durchaus unterschiedlich sein. Um unnötigen Streß durch Umladen bei den Tieren zu vermeiden, sollten Sie vielleicht in Erwägung ziehen, einen Direktflug, ohne Zwischenlandung, nach Thailand zu buchen.

Einreisebestimmungen für Tiere:
Für die Einreise nach Thailand brauchen Tiere ein amtstierärztliches Gesundheitszeugnis in englischer Sprache. Wohlgemerkt: Der Tierarzt muß für die Ausstellung dieses Zertifikates vom Staat dazu bevollmächtigt sein. Des weiteren ist ein Impfpass erforderlich, wobei das Tier mindestens 21 Tage vor der Reise gegen Staupe, Hepatitis, Tollwut, Leptospirose und Parvovirose geimpft sein muß. (Bei Leptospirose

reicht auch ein negativer Test, max. 30 Tage vor der Reise)
Nach der Einreise müssen die Tiere für 30 Tage in einer geeigneten Quarantäne Einrichtung untergebracht werden, wobei wärend dieser Zeit angeordnete Gesundheitschecks und ggf. auch Behandlungen durchgeführt werden müssen, die voll zu Lasten des Eigentümers gehen.
Weitere Informationen hierzu finden Sie online (englisch).
Anmerkung zum letzten Punkt: Laut Berichten einiger Hundebesitzer, wird auf die 30 Tage Quaratäne bei der Einreise in den meisten Fällen offenbar verzichtet. (ohne Gewähr).

Thais und Tiere
Man muß sich damit abfinden, das es die Thais mit dem Leben und der gesundheitlichen Versorgung von Haustieren nicht ganz so eng sehen, wie das in Deutschland der Fall ist. Eine Ausnahme bilden hier vielleicht die Schoßhündchen einiger weiblicher, chinesischer Einwanderer. Tiere aller Gattungen werden oft in viel zu kleinen Käfigen auf Märkten angeboten und es gibt an vielen Urlaubsstränden zahllose streunende Hunde mit offensichtlichen Hautkrankheiten, um die sich keiner kümmert. Es soll auch Gebiete geben in Thailand, wo besonders Hunde ab und zu noch im Kochtopf landen, wenngleich dies offiziell wohl verboten ist. Außerdem sind speziell Hunde als Haustiere bei der muslimisch geprägten Bevölkerung im Süden des Landes (Phuket, Samui, Krabi, usw.) nicht sehr beliebt, werden aber meistens geduldet.

Medizinische Versorgung:

In den meisten größeren Orten oder Städten in Thailand gibt es niedergelassene Tierärzte. Dazu gehören insbesondere die Touristenhochburgen Bangkok, Chiangmai, Pattaya, Phuket, Krabi und Koh Samui. Sie müssen sich ggf. vor Ort darüber informieren, wo sich die nächste Tierarztpraxis befindet. Nach meinen Informationen können in diesen Praxen die üblichen Impfungen und Untersuchungen durchgeführt werden. Wie es mit aufwendigen Operationen und lebenserhaltenden Maßnahmen an Tieren aussieht, weiß ich allerdings nicht.

Die Informationen auf dieser Seite erheben nicht den Anspruch auf Vollständigkeit, insbesondere was die Einreisebestimmungen für Tiere anbelangt. Weitere Informationen dazu erteilen u.a. die thail. Botschaft & Konsulate in Deutschland.

Die medizinische Versorgung in Thailand kann man durchaus als gut bis sehr gut bezeichnen. Jedenfalls gilt das grundsätzlich für Gegenden rund um die touristischen Hochburgen wie Bangkok, Pattaya und Phuket. In all diesen Orten gibt es nämlich private Kliniken wie das Phuket International Hospital oder das Bangkok Pattaya Hospital die sowohl vom Personal als auch von der jeweiligen Technik her auf dem neusten Stand sind und durchaus mit Krankenhäusern in Deutschland konkurrieren können oder sogar besser sind.
Schon beim Betreten dieser Kliniken hat man eher das Gefühl in ein Hotel zu kommen als in eine Klinik. Das Gefühl wird in den Krankenzimmern bestätigt, die auch eher einem Hotelzimmer gleichen, als einem Krankenzimmer. Man braucht im Prinzip auf nichts zu verzichten: Klimaanlage und TV sind sowieso

selbstverständlich, außerdem gibt es meistens noch eine gemütliche Sitzecke und eine Schlafgelegenheit für einen Familienangehörigen.

Nicht umsonst hat sich daher auch in Thailand in den letzten Jahren eine Art "Medizintourismus" entwickelt, wo Leute aus aller Welt für spezielle Operationen nach Thailand kommen. Meistens natürlich für Schönheitsoperationen oder für Zahnersatz
Operationen dieser Art sind müssen natürlich aus der eigenen Tasche bezahlt werden aber sie sind auch billiger als etwa in Deutschland.

Außerhalb der touristischen Hochburgen gibt es in allen größeren Orten natürlich auch die normalen, staatlichen Kliniken, wovon einige durchaus einen guten Ruf genießen, andere aber eher den Ruf einer Metzgerei nach sich ziehen. Man sollte sich daher ein wenig am Aufenthaltsort umhören, welche Kliniken einen guten Ruf haben und welche man eher meiden sollte. Auch kann man sich mit Freunden und Bekannten absprechen, dass die einen im Notfall eventuell in eine andere Klinik bringen als die, in die man nach einem Unfall vielleicht erst mal eingeliefert wurde, für den Fall das man selbst nicht mehr Herr seiner Sinne ist.

Für eine gute medizinische Versorgung sollte man unbedingt eine Krankenversicherung für Thailand abschließen. Auch wenn die Krankenhäuser billiger sind als in Deutschland, kann eine mehrtägige oder gar mehrwöchige Behandlung, etwa nach einem Unfall ein gewaltiges Loch in die private Kasse reißen. Lesen Sie hier die Informationen zur richtigen Krankenversicherung für Thailand.

Chronisch Kranke, wie zum Beispiel Diabetiker, haben oft das Problem keine Krankenkasse zu finden, die die Kosten im Ausland übernehmen will. Eventuell kann man die jeweilige Krankheit aber aus der Versicherung ausschließen und sich die notwendige Medizin in Thailand selber kaufen.

Medizin, auch verschreibungspflichtige, ist in Thailand grundsätzlich in allen Apotheken frei verkäuflich und auch deutlich billiger als in Deutschland. Man kann sich daher auch als Diabetiker die Tabletten oder Spritzen selber kaufen und braucht damit nicht die Versicherung zu belasten.

Tabletten für Diabetiker kosten zum Beispiel zwischen 8,- und 80 Baht pro Stück (je nach Dosis) und Insulinspritzen (Pens) für mehrmalige Anwendung zwischen 400,- und 800,- Baht.

Die Ambulante Behandlung ist in Thailand ebenfalls sehr günstig und kann leicht aus eigener Tasche bezahlt werden. Es gibt daher auch die ein oder andere Krankenversicherung, die die ambulanten Kosten gar nicht mit abdeckt und dafür etwas billiger in den Beiträgen ist. Zur ambulanten Behandlung zählen dabei auch Zahnärzte, Hals, Nasen und Ohren Ärzte, Augenärzte und andere Fachärzte, die normalerweise ambulante Behandlung anbieten. Vorsicht ist hier allerdings in den touristischen Hochburgen geboten, denn hier verlangen die niedergelassenen Ärzte durchaus eine Art Touristenzuschlag. Ein Basispreis von ca. 500,- bis 1000,- Baht pro Erstbehandlung oder Konsultierung sollte man da schon einrechnen, Folgebehandlungen werden schon wieder etwas günstiger.

Wenn man irgendwo in der Provinz zum Arzt geht kostet alles etwa nur die Hälfte.

Zumindest in Pattaya, Phuket und Bangkok gibt es auch deutschsprechende Ärzte, die entweder selbst Deutsche oder Schweizer sind oder Thailänder, die in Deutschland studiert haben. Man kann sich also zur Not auch auf Deutsch durchschlagen. Ärzte, die zumindest ein paar Brocken Deutsch reden können, kenne ich auch aus Koh Samui und Ao Nang in Krabi.

Eine Auslandskrankenversicherung ist für einen langfristigen Aufenthalt in Thailand unabdingbar. Dabei sollte man sich nicht in der falschen Sicherheit einer relativ günstigen Reisekrankenversicherung (RKV) wiegen, denn die gelten immer nur für kürzere Urlaubsreisen von bis zu 6 Wochen.

Für langfristige Aufenthalte von mehreren Wochen und Monaten gibt es extra langfristig gültige Auslandskrankenversicherungen, die Aufenthalte im Ausland zwischen ein und fünf Jahren abdecken. Ich habe weiter unten einige aufgelistet, es gibt sie schon für ab ca. 25,- € im Monat, pro Person. In den meisten Fällen kann man diese AKVs nach Ablauf der maximalen Versicherungsdauer einfach durch Neuabschluß verlängern, dabei kann es aber passieren, das die Versicherung sich querstellt, wenn man die Versicherung zwischenzeitlich in Anspruch genommen hat oder Krankheiten hinzugekommen sind, die man auf dem Antrag bei den Gesundheitsfragen angeben muß. Wenn man bei den Fragen Krankheiten verschweigt, kann es passieren, dass die Versicherung im Schadesnfall auch mal nicht zahlt.
Eine Lösung für solche Fälle ist dann möglicherweise eine andere Versicherungs-gesellschaft oder eine AKV

die nur für 365 Tage gilt. Bei den einjährigen Verträgen gibt es meistens keine Gesundheitsfragen.

Was wird aus der Versicherung in Deutschland?
Da eine deutsche, gesetzliche KV in außereuropäischen Ländern wie Thailand nicht zahlt, braucht man auch keine Beiträge zu bezahlen. Seit einer Gesetzesänderung im April 2007, können sich alle die, die sich ordnungsgemäß beim Einwohnermeldeamt abmelden, auch bei der GKV abmelden und brauchen fortan auch keine Beiträge mehr zu bezahlen. Bei einer Rückkehr nach Deutschland muß die GKV den ehemaligen Kunden wieder als freiwillig Versicherten aufnehmen. Voraussetzung ist dabei, das er auch vor dem Auslandsaufenthalt bei der GKV versichert war.
Wenn man sich in Deutschland nicht abmeldet, sollte man die Versicherung in der GKV in eine Anwartschaft umwandeln, das kostet zur Zeit ca. 45,-€ im Monat inklusive Pflegeversicherung.
Bei einer Arbeitsaufnahme nach der Rückkehr nach Deutschland erübrigt sich das Problem, da man durch den Arbeitgeber ja automatisch bei der Krankenversicherung angemeldet wird.
Mitglieder in einer privaten Krankenversicherung sollten sich ebenfalls nach der Möglichkeit einer Anwartschaft erkundigen.
Lassen Sie sich vor einem langfristigen Auslandsaufenthalt in jedem Fall von einer kompetenten Person bei Ihrer Krankenversicherung beraten aber lassen Sie sich nicht abzocken.

Bei der Hanse Merkur: Es gibt zwei verschiedene Tarife, einen für bis zu 365 Tage und einen für bis zu 5 Jahre. Bis zu 356 Tage lande ich zur Zeit bei einem

Monatsbeitrag von ca. 33,- €, beim 5 Jahresvertrag sind es 59,- € im Monat. (Altersstufe 18 - 64 Jahre)

Bei der DKV in Deutschland. Es gibt einen Tarif für 3 bis12 Monate (AS12) und einen für bis zu 24 Monate (AS12 V).

Diese Versicherung gilt auch bei zwischenzeitlichen Aufenthalten in Deutschland von bis zu 3 Monaten aber nur für akute Fälle. Kosten ca. 63,- Euro/Monat.

Bei der Allianz Worldwide Care. Hier gibt es eine internationale Krankenversicherung, die offensichtlich zeitlich unbegrenzt ist, dafür aber im Preis wesentlich höher liegt wie DKV oder ADAC. Der monatl. Beitrag für ein Basis Paket für mich (männl., 46) liegt zur Zeit bei 128,- US$, bei jährlicher Zahlungsweise.(0% Aufschlag)

Bei SwissInsuranceOnline, ein Versicherungsbüro in Pattaya, gibt es ebenfalls eine sehr günstige Krankenversicherung für Ausländer jeden Alters (max. EInstiegsalter: 75 Jahre). Den monatl. Tarif (Emergency +) für 61 - 65 Jährige gibt es schon ab 137,- €! Dies ist möglich, da man hier auf eine vergleichsweise hohe Selbstbeteiligung setzt und zum Beispiel die Kosten für eine Ambulante Behandlung ausschließt. Eine gute Lösung für Leute die nur selten Krank werden und so eine Versicherung nur für den Notfall brauchen. Die Versicherung die dahinter steckt ist die Health Care International mit Hauptsitz in England. (Man sollte dabei bedenken, das die ambulanten Kosten in Thailand recht günstig sind und bequem aus der eigenen Tasche bezahlt werden können. Geld, das man bei den monatlichen Beiträgen bequem einsparen kann.)

Bei der TravelSecure.de gibt es ebenfalls eine Auslandskrankenversicherung für Reisen bis zu 365 Tagen. Eintrittsalter bis zu 69 Jahre und sehr preiswert. Bei 6 Monaten lande ich bei mir zur Zeit bei unter 30,- Euro Monatsbeitrag. Ideal also für Überwinterer und andere, die wie ich immer wieder vorübergehend in Deutschland sind.

Bei der englischen BUPA! Auch diese Versicherung kann man für bis zu 3 Jahre abschließen, Verlängerung möglich. Die Versicherung gilt weltweit, außer USA. Es besteht hier die Möglichkeit durch die Auswahl des Versicherungspaketes (Essential, Clasic, Gold) verschiedene Sachen auszuschließen und so Kosten zu sparen. Da einfache Arzt- und auch Zahnarztbesuche in Thailand sehr günstig sind, kann man die z.B. ausschließen. Es reicht das Essential Paket. Alle Krankenhauskosten werden erstattet. Die genauen Leistungen kann man hier runterladen (engl.) Interessant sind hier die "In Patient" Charges, die Krankenhauskosten.

Die jeweiligen, individuellen Beiträge kann man sich auf der Webseite der BUPA selbst ausrechen. Für mich (45) liegen sie im Moment bei ca. 131,- Euro/Manat im Essential Paket. Neuerdings gibt es auch noch die Möglichkeit die Beiträge per Selbstbeteidigung zu senken.

Im Prinzip kann man diese Informationen auch auf der Webseite der Thailändischen Botschaft nachlesen aber da die meisten von Euch lieber im Rest des Internets nachsehen, bitte:

Personen aus 41 Ländern, die diplomatische Beziehungen mit Thailand haben, dürfen ohne Visa nach Thailand einreisen und erhalten bei der Einreise automatisch einen Einreisestempel, der zum Aufenthalt von 30 Tagen berechtigt. Zu diesen 41 Ländern gehört natürlich auch Deutschland, Östereich und die Schweiz. Diese 30 Tage sind ideal für den normalen Urlauber, der für meistens zwei bis drei Wochen nach Thailand reist.

Seit Dezember 2008 erhalten jedoch Ausländer die auf dem Landweg einreisen nur noch eine Aufenthaltserlaubnis von 15 Tagen.
Diese 30 oder 15 Tage Einreisen kann man nach den neusten Bestimmungen wieder beliebig oft wiederholen und sich so mit ständigen Aus und Einreisen wieder über eine unbestimmte Zeit in Thailand aufhalten.

Eine Arbeitsaufnahme, Autokauf oder Kontoeröffnung sind mit diesem "Einreisestempel" nicht möglich. Dieser Einreisestempel wird oft fälschlicherweise auch als VOA = Visa On Arrival bezeichnet, das ist aber etwas ganz anderes und für uns Europäer nicht relevant.

Alle die sich über längere Zeit in Thailand aufhalten wollen, sollten vor der Einreise ein Visum für Thailand beantragen, entweder ein Touristenvisum mit bis zu 180 Tagen Gültigkeit oder ein Non Immigrant Visum der Klassen "O" oder "B" mit einer Gültigkeit von bis zu einem Jahr. Die verschiedenen Visatypen und wer was braucht, ist hier unter Visum für Thailand näher beschrieben.

Wichtig und für viele Leute verwirrend ist dabei der Unterschied zwischen der Visum Gültigkeit und der Länge der erlaubten Einreise:

Auch wenn das Visum eine Gültigkeit von 180 Tagen oder einem Jahr hat, heißt das nicht, daß man auch so lange im Land bleiben darf. Für die Dauer der Einreise ist allein der Einreisestempel entscheidend, der einem von dem Grenzbeamten in den Pass gestempelt wird und das sind bei einem 180 Tage Touristenvisa 60 Tage und bei einem Non Immigrant Visum 90 Tage. Nach Ablauf dieser 60 oder 90 Tage muß man dann eine Ausreise (Visarun) machen und erhält bei der Einreise einen neuen Stempel mit 60 oder 90 Tagen.

Das kann man dann so lange machen, wie das Visum Einreisen erlaubt und das Visum gültig ist. Pfiffigerweise macht man bei einem Non Immigrant Visum mit beliebig vielen Einreisen (Multiple Entry) die letzte Einreise kurz vor Ablauf der Visagültigkeit und gewinnt damit nochmal 90 Tage. Bei dem Touristenvisum macht man analog dazu die letzte Einreise kurz vor Ablauf der 180 Tage um weitere 60 Tage zu gewinnen.

Hier ein kleiner Überblick über die verschiedenen Arten von Visums und sonstigen Aufenthaltsmöglichkeiten in Thailand:

Einreise ohne Visum:
Bürger aus Deutschland, Österreich und der Schweiz erhalten, bei der Einreise über einen Flughafen, in Thailand einen Einreisestempel im Reisepass, der zu einem Aufenthalt von 30 Tagen in Thailand berechtigt.
Wer hingegen auf dem Landweg, etwa von Malaysia aus einreist, erhält dagegen nur 15 Tage. Auch mit diesen "Einreisestempeln", die fälschlicherweise oft auch als "Visa on Arrival" bezeichnet werden, ist es möglich, sich über einen längeren Zeitraum in Thailand aufzuhalten. Lesen Sie mehr dazu unter Thailand ohne Visum

Touristenvisum für Thailand:
Touristenvisas gibt es mit Gültigkeiten von 60 Tagen mit nur einer Einreise, bis hin zu 180 Tagen Gültigkeit mit bis zu drei Einreisen, wobei man bei jeder Einreise immer 60 Tage Aufenthaltserlaubnis in den Pass gestempelt bekommt.
Jedes Touristenvisum kann einmal in Thailand für ca. 1900,- Baht um 30 Tage verlängert werden.
Touristenvisums mit mehreren Einreisen gibt es für uns Ausländer nur im jeweiligen Heimatland. Die Nachbarländer von Thailand stellen, wenn überhaupt, nur einfache Visas mit nur einer Einreise aus. Mehr dazu unter Thailand mit Touristenvisum.

Non Immigrant Visum
Alle Ausländer, die länger als ein normaler Urlaub in Thailand bleiben möchten, benötigen dazu ein Non Immigrant Visum. Selbst mit einem einfachen Non Immigrant Visum, erhält man bei der Einreise in Thailand schon eine Aufenthaltserlaubnis von 90 Tagen. Mit einer Visumsgültigkeit von bis zu einem Jahr und mit multiplen Einreisen (die man zusammen mit dem

Visum vorher schon beantragen muß), kann man sich so über einen längeren Zeitraum in Thailand aufhalten, indem man alle 90 Tage eine Aus- und Wiedereinreise am nächst gelegenen Grenzpunkt macht.

Für verschiedene Personenkreise und Bedürfnisse, ist das Non Immigrant Visum in verschiedene Klassen oder Kategorien aufgeteilt:

Non Immigrant "B" Visum für alle die in Thailand ein Geschäft betreiben oder einer Arbeit nachgehen (bis zu 1 Jahr Gültigkeit & mit multiplen Einreisen)

Non Immigrant "ED" Visum für Schüler und Studenten, die in Thailand eine Schule oder diverse Lehrgänge besuchen möchten. Wird in der Regel über die jeweilige Schule beantragt und berechtigt unter gewissen Voraussetzungen zu einem Aufenthalt von bis zu einem Jahr ohne das Land verlassen zu müssen. Das Visum muß aber trotzdem alle 3 Monate in Thailand verlängert werden. Näheres dazu unter Thailand mit ED Visum!

Einige weitere Kategorien wie "M" für Medien (Filmproduzenten & Journalisten) oder "F" für offizielle Besucher sind für den "normal sterblichen" Thailandbesucher eher von geringer Bedeutung.

Non Immigrant "O" Visum für alle sonstigen Belange, also für alle Personen, die aus sonstigen Gründen für längere Zeit in Thailand leben wollen, insbesondere Rentner und mit einer Thai Verheiratete. Das Non Immigrant O Visum ist dazu aber nochmal in verschiedene Unterkategorien aufgeteilt:

O - S (Single Entry) nur 1 Einreise = 90 Tage Aufenthalt

O - M (Multiple Entry) Gültigkeit 1 Jahr mit multiplen Einreisen, wobei jede Einreise immer nur für einen Aufenthalt von 90 Tagen berechtigt. Um tatsächlich für mind. 1 Jahr in Thailand zu bleiben muß man also alle 90 Tage eine Aus- und Wiedereinreise machen. Mehr dazu unter Thailand mit Non Immigrant Visum. Dieses Visum kann auch in Thailand unter bestimmten Voraussetzungen für einen Aufenthalt von bis zu 1 Jahr verlängert werden. Siehe auch: Verlängerung des Non Immigrant Visums.

O - A Berechtigt zum Aufenthalt in Thailand von 1 Jahr am Stück, ohne Ausreisen machen zu müssen. Mehr dazu und die Voraussetzungen, siehe unter Jahresvisum für Thailand. Zur Zeit nur über die Botschaft in Berlin zu erhalten.

Achtung Meldepflicht für Ausländer:

Ausländer, die mit einem Non Immigrant Visa einreisen und privat wohnen sind innerhalb von 24 Stunden nach der Einreise bei der Immigration meldepflichtig. Diese "Meldung" wiederholt sich nach jeder Einreise und muß normalerweise vom Vermieter oder bei Touristen vom Hotel/Resort erledigt werden.

Da der Vermieter eines Hauses aber unter Umständen nicht mitbekommt, wann ich aus meinem Deutschlandurlaub oder sonst woher Einreise, muß der Ausländer hier manchmal selbst die Initiative ergreifen und sich beim Vermieter bzw. Immigration melden. Siehe entsprechende Seite der Immigration!

90 Tage Meldepflicht: Ausländer, die über 90 Tage im Land bleiben, müssen sich ebenfalls bei der Immigration melden. Diese Regel gilt aber wirklich nur für Ausländer die eine längere Aufenthaltsgenemigung haben, da man mit einem normalen Visa ja vor Ablauf der 90 Tage ausreist. Die Tageszählung beginnt mit der

Einreise wieder bei Null. Dazu wieder die Seite der Immigration

Residence Permit (Dauervisum) kann beantragt werden von Personen, die sich auf Basis o. a. Jahresvisum bereits 3 Jahre ununterbrochen in Thailand aufhalten. Diese Residence Permit wird jedoch auf Quoten Basis (100/Jahr/Land) ausgegeben und ist sehr teuer. (ca. 191400,- Baht für Rentner oder 95700,- Baht für Thai Verheiratete). Allein die Beantragung kostet schon mal 7600,- Baht und wird nur über die Immigration in Bangkok durchgeführt.

Für eine noch genauere Auflistung aller Visas und Preise ist hier die entsprechende Seite der Royal Thai Embassy in Deutschland verlinkt.

Seit einiger Zeit gibt es jetzt tatsächlich ein richtiges Jahresvisum für Thailand, das man bereits vor der Einreise in Thailand bei der Botschaft beantragen kann. Zur Zeit gibt es dieses Jahresvisum allerdings nur bei der thailändischen Botschaft in Berlin direkt, wohl aber nicht bei den Konsulaten.
Es handelt sich dabei um ein Non Immigrant "O - A" Visum, wobei das "A" wohl für anual= jährlich steht. Die Voraussetzungen sind in etwa die gleichen, wie für die bereits bekannte Verlängerung auf 1 Jahr, des alten NI Visums:

3 vollständig ausgefüllte Visa-Anträge
Reisepass im Original (muss noch mindestens 18 Monate gültig sein)
Kopie des Reisepasses
3 Passbilder
Kopie des Rentenbescheids mit mtl. Betrag von mind.1200,- Euro

falls dieser Betrag nicht erfüllt wird, sind weitere Vermögensnachweise von mind. 16.000,- Euro erforderlich
Gesundheitszeugnis vom Hausarzt
Kopie des polizeilichen Führungszeugnisses (gibt's beim Bürgeramt)
Lebenslauf (in englischer Sprache)
der Antragsteller muss mind. 50 Jahre alt sein
130 € Visagebühr

Ich habe selbst keine eigenen Erfahrungen mit diesem Visa aber laut den Berichten einiger Landsleute, bekommt man bei jeder erneuten Einreise, 365 Tage in den Pass gestempelt. Das würde bedeuten, dass man sich kurz vor Ende der Visum Gültigkeit, durch eine Aus- und wieder Einreise, noch mal ein ganzes Jahr Aufenthalt abholen kann. Folglich könnte man mit diesem Visum fast 2 Jahre in Thailand bleiben.

Wichtige Informationen zum Jahresvisum für Thailand:

Wer mit einem Jahresvisum in Thailand lebt und vorübergehend ausreisen will oder muß, braucht eine Re Entry Permit. Diese kann mit multiplen Einreisen vor der Ausreise bei der Immigration beantragt werden.

Die Kosten für eine Re Entry Permit belaufen sich auf 1000,- Baht für eine einfache Einreise oder 3800,- Baht für multiple Einreisen.

Wer ohne diese Re Entry Permit ausreist, verliert automatisch sein Jahresvisum und bekommt bei der nächsten Einreise wieder nur die üblichen 30 Tage in den Pass gestempelt.

Ausländer die sich länger als 90 Tage am Stück in Thailand aufhalten, müssen sich trotzdem alle 90 Tage bei der Immigration melden.

Achtung, seit einiger Zeit gibt es jetzt ein richtiges Jahresvisum für Thailand, bei dem die hier beschriebene Verlängerungsmethode nicht mehr benötigt wird.

Ansonsten können folgende Personenkreise ihr normales Non Immigrant Visum mit nur 90 Tagen pro Einreise unter bestimmten Voraussetzungen bei der nächsten Immigrationsbehörde in Thailand auf ein Jahr Aufenthalt verlängern:

Rentner:
Wer über 50 Jahre alt ist und mind. 800 000,- Baht auf einem thailändischen Bankkonto oder ein monatl. Einkommen (Rente) von mind. 65 000,- Baht nachweisen kann, kann bei der Immigration eine Verlängerung auf jeweils 1 Jahr beantragen. Einige Immigrationsbüros erlauben auch eine Mischung der beiden Möglichkeiten, in jedem Fall müssen bei der Rechnung aber 800 000,- Baht rauskommen also etwa 400 000,- Baht auf dem Bankkonto und ein monatl. Einkommen von ca. 33000,- Baht. Damit entfallen die Ausreisen (Grenzgänge) die man sonst alle 3 Monate machen muß. Die Verlängerung muß jedes Jahr mit den gleichen Voraussetzungen wiederholt werden.
Verheiratete Rentnerpaare brauchen den Kapitalnachweis nur einmal zu erbringen. Der Ehepartner erhält dann ein sogen. Dependent (Abhängigkeits) Visum, ebenfalls für 1 Jahr.

Benötigte Papiere:

Antragsformular (TM7), Kopie Reisepass (Seite mit Bild & das Visa); Einkommensnachweis oder entsprechende Bankbestätigung, bei Anträgen für das Dependent Visa eine Bescheinigung über die Art der Verwandschaft (Heiratspapiere o. ä.); 1900,- Baht für die Gebühren. Die Behörden behalten sich dabei vor, eventuell weitere Papiere, insbesondere in Richtung der Bankbestätigung oder Einkommensnachweis zu fordern.

Verheiratet mit einer Thai
Wer legal mit einer Thai verheiratet ist kann ebenfalls sein Non Immigrant Visum auf 1 Jahr verlängern lassen. Eine in Thailand oft übliche "Buddha Heirat" reicht dafür aber nicht aus.
Thai Verheiratete müssen nach der neusten Regelung im Dezember 2008 entweder ein gemeinsames, monatliches Einkommen von mind. 40.000,- Baht oder 400.000,- Baht auf einem Bankkonto in Thailand nachweisen können.
Wenigstens letzteres wurde nach (meiner Meinung) einem Übersetzungsfehler von Thai auf Englisch wieder richtig gestellt.

Firmeninhaber:
Ausländer die in Thailand eine eigene Firma betreiben, können ebenfalls ein Jahresvisum bekommen, wenn sie zusätzlich zu ihren gesamten Firmenunterlagen (Kapitalnachweis, Bilanzen, Nachweis über thail. Angestellte etc.) ein monatl. Einkommen von mind. 50.000,- Baht nachweisen können.
Neben den entsprechenden Zahlen in der Bilanz (Die Firma muß mehr erwirtschaften als die zu zahlenden Löhne) muß der Ausländer in einem Schreiben auch seine "Wichtigkeit" in der Firma nachweisen können. Das heißt, wie auch bei der Arbeitsgenehmigung, muß

er nachweisen, daß ein Thai diese Arbeit nicht verrichten kann oder sich kein Thai mit entsprechender Qualifikation findet.

Achtung, seit einiger Zeit gibt es jetzt ein richtiges Jahresvisum für Thailand, bei dem die hier beschriebene Verlängerungsmethode nicht mehr benötigt wird.

Ansonsten können folgende Personenkreise ihr normales Non Immigrant Visum mit nur 90 Tagen pro Einreise unter bestimmten Voraussetzungen bei der nächsten Immigrationsbehörde in Thailand auf ein Jahr Aufenthalt verlängern:

Rentner:
Wer über 50 Jahre alt ist und mind. 800 000,- Baht auf einem thailändischen Bankkonto oder ein monatl. Einkommen (Rente) von mind. 65 000,- Baht nachweisen kann, kann bei der Immigration eine Verlängerung auf jeweils 1 Jahr beantragen. Einige Immigrationsbüros erlauben auch eine Mischung der beiden Möglichkeiten, in jedem Fall müssen bei der Rechnung aber 800 000,- Baht rauskommen also etwa 400 000,- Baht auf dem Bankkonto und ein monatl. Einkommen von ca. 33000,- Baht. Damit entfallen die Ausreisen (Grenzgänge) die man sonst alle 3 Monate machen muß. Die Verlängerung muß jedes Jahr mit den gleichen Voraussetzungen wiederholt werden.
Verheiratete Rentnerpaare brauchen den Kapitalnachweis nur einmal zu erbringen. Der Ehepartner erhält dann ein sogen. Dependent (Abhängigkeits) Visum, ebenfalls für 1 Jahr.

Benötigte Papiere:
Antragsformular (TM7), Kopie Reisepass (Seite mit Bild & das Visa); Einkommensnachweis oder entsprechende Bankbestätigung, bei Anträgen für das Dependent Visa eine Bescheinigung über die Art der Verwandschaft (Heiratspapiere o. ä.); 1900,- Baht für die Gebühren. Die Behörden behalten sich dabei vor, eventuell weitere Papiere, insbesondere in Richtung der Bankbestätigung oder Einkommensnachweis zu fordern.

Die Behördengänge in Thailand und insbesondere die zur Immigration, hören auch dann nicht auf, wenn man nach langem hin und her endlich ein Jahresvisum bekommen hat oder sein Non Immigrant Visum auf ein Jahr verlängert hat.

Nicht nur, das man sich, wenn man länger als 90 Tage am Stück in Thailand wohnt, trotzdem noch alle 90 Tage bei der Immigration melden muß, man braucht auch noch eine "Wiedereinreiseerlaubnis", wenn man zwischenzeitlich das Land einmal verlassen will oder muß.

Diese Wiedereinreiseerlaubnis heißt in Thailand Re Enty Permit und man kann sie sowohl bei der örtlichen Immigration, als auch bei der Immigration am Flughafen, rechtzeitig vor der Ausreise aus Thailand beantragen..

Die Kosten für die Re Entry Permit belaufen sich auf 1000,- Baht für eine einfache (Wieder-) Einreise oder 3800,- Baht für multiple Wieder- Einreisen, innerhalb der aktuellen Visumsgültigkeit.

Wer also über ein Jahresvisum oder über eine Jahresverlängerung des Non Immigrant Visum verfügt, muß vor einer zwischenzeitlichen Ausreise aus Thailand diese Re Entry Permit beantragen, ansonsten ist das Jahresvisum oder die Verlängerung verfallen und man bekommt bei der nächsten Einreise nach Thailand nur die üblichen 30 Tage in den Pass gestempelt.

Es soll schon Leute gegeben haben, die Thailand ohne diese Re Entry Permit verlassen haben und bei der nächsten Einreise gar nicht gemerkt haben, daß sie nur eine Aufenthaltserlaubnis von 30 Tagen im Pass hatten. Wenn man es dann bemerkt, etwa bei der nächsten Ausreise, ist noch eine saftige Strafe wegen Overstay fällig.

Die Angaben auf dieser Seite beziehen sich nur auf Ausländer, die ein Jahresvisum für Thailand oder eine Jahresverlängerung für ihr Non Immigrant Visum haben. Alle anderen Personen, die sich nur für kurze Zeit in Thailand aufhalten (Urlauber), brauchen diese Re Entry Permit natürlich nicht.

Für die Beantragung eines Visums für Thailand in Deutschland, wendet man sich am besten an eines der thailändischen Konsulate in Deutschland. Es ist grundsätzlich einfacher ein Visum bei einem Konsulat zu bekommen als bei der Botschaft selber.

Botschaft in Berlin:
Royal Thai Embassy, Berlin
Lepsiusstrasse 64-66,
12163 Berlin
Tel. (+49 30) 79 48 10

Frankfurt
Königlich Thailändisches Generalkonsulat
Kennedyallee 109
60596 Frankfurt am Main
Tel. 069-69 86 8 205
Fax 069-69 86 8 228
Besuchszeiten: Montag bis Freitag: 10:00 - 12:30 Uhr

Stuttgart
Königlich Thailändisches Honorargeneralkonsulat Stuttgart
Pforzheimer Str. 381
70499 Stuttgart (Weilimdorf)
Telefon (0711) 226 48-44
Telefax (0711) 226 48-56
Besuchszeiten: Montag, Mittwoch & Freitag 12-14 Uhr

Hamburg:
Königlich Thailändisches Honorargeneralkonsulat Hamburg
An der Alster 85
20099 Hamburg
Tel.: 040/ 248 39 118
Fax: 040/ 248 39 206
Besuchszeiten: Montag bis Freitag: 09:00 - 12:00 Uhr

München:
Königlich Thailändisches Honorargeneralkonsulat München
Prinzenstraße 13
80639 München
Tel.: 089/ 16 89 788, 16 89 789
Fax: 089/ 13 07 11 80
Besuchszeiten: Montag bis Freitag 9:00 - 12:00 Uhr

Essen:
Königlich Thailändisches Honorargeneralkonsulat Essen
Rüttenscheider Str. 199 (Eingang Herthastraße)
45131 Essen
Tel: (0201) 9597 9334
Fax (0201) 9597 9445
Besuchszeiten: Montag bis Freitag: 9.00 - 12.00 Uhr, Freitag: 14:00 - 17:00 Uhr

Man kann sich auch ganz ohne Visum über eine längere Zeit in Thailand aufhalten, allerdings wird das ein bißchen umständlich und kompliziert, nicht zuletzt weil Thailand alle paar Monate mal wieder die Visaregelung revidiert:

Deutsche, Schweizer und Österreicher erhalten bei der Einreise per Flugzeug in Thailand einen Einreisestempel von zunächst 30 Tagen. Diese kurzfristige Aufenthaltserlaubnis ist natürlich für Touristen gedacht, die damit bequem und ohne Visum einen 3 - 4 wöchigen Urlaub in Thailand verbringen können.

Nun gab es aber schon immer Spezialisten, die sich über diesen Einreisestempel oft über mehrere Jahre in Thailand aufgehalten haben, indem sie einfach alle 30 Tage mal zur Grenze gefahren sind und sich einen neuen Stempel für weitere 30 Tage geholt haben. Thailand empfindet diese Art von "Langzeittouristen" aber als illegal, da natürlich auch den Behörden bekannt ist, daß diese Leute zum Teil auf dunklen Wegen irgendwelche Geschäfte in Thailand betreiben (meistens Bars) und damit ohne entsprechendes Visum und Arbeitserlaubnis in Thailand Geld verdienen. Folglich zahlen sie auch keine Steuern und begehen damit gleich mehrere Straftaten auf einmal.

Aus diesem Grund hatte Thailand im Oktober 2006 die Visaregeln zunächst dahingehend verschärft, daß eine Einreise per Einreisestempel nur noch maximal 3 mal hintereinander möglich war. Nach Ablauf dieser 90 Tage wurde man dann freundlich aufgefordert doch einmal wieder nach Hause zu Reisen und mit einem entsprechenden Visum wiederzukommen.

Diese Regel traf aber auch einige andere Ausländer, die nicht illegal in Thailand gearbeitet haben und Thailand etwa nur als Ausgangsbasis für ihre diversen Asienreisen benutzt haben. Deshalb hat man nun nachgebessert:

Im Dezember 2008 kam zunächst die Änderung, daß man bei der Einreise auf dem Landweg nur noch 15 Tage Aufenthaltserlaubnis bekommt, bei der Einreise per Flugzeug jedoch weiterhin 30 Tage. Die Regelung mit den den maximal 3 Einreisen hintereinander ohne Visa wurde dabei ebenfalls gestrichen und man konnte sich nun wieder ohne Visum dauerhaft in Thailand aufhalten, indem man einfach alle 15 Tage eine Ausreise auf dem Landweg oder alle 30 Tage per Flugzeug gemacht hat.

Da sich einige Ausländer aber auch von dieser 15 Tage Regelung nicht abschrecken ließen und weiterhin alle 15 Tage mal für einen neuen Stempel zur Grenze fuhren, hat man das zum 1. Juni 2009 wieder auf maximal 4 Einreisen auf dem Landweg limitiert. Danach wird mindestens eine Einreise per Flugzeug fällig oder aber endlich mal ein richtiges Visum.

Nichtsdestotrotz kann man sich zur Zeit auch ohne Visum über längere Zeit in Thailand aufhalten, indem man einfach alle 15 Tage einen Grenzgang macht und zwischendurch, nach 4 Landeinreisen, einfach mal mit dem Flugzeug einreist, was ja im Zeitalter der Billigflieger auch kein wirkliches Problem ist. Dabei bekommt man dann erst mal wieder 30 Tage und danach kann es mit den Landeinreisen weitergehen.

Schlaue Leute haben aber schon ausgerechnet, daß ein normaler Reisepass auf diese Weise nach ca. 2 Jahren vollgestempelt ist und dann ein neuer Pass fällig wird...

Immer wieder kommt die Frage auf, wie lange man mit einem Touristenvisum in Thailand bleiben kann. Das wollen wie hier mal versuchen zu klären.

Bei den thailändischen Konsulaten oder der thailändischen Botschaft in Deutschland gibt es für 75,- Euro ein Touristenvisum für 180 Tage mit 3 Einreisen. Das heißt aber nicht, das man mit diesem Visum 180 Tage am Stück in Thailand bleiben darf. Vielmehr ist jede Einreise nur gut für einen Aufenthalt von 60 Tagen, dann wird erstmal eine kurze Aus & Wiedereinreise fällig. Außerdem kann der Aufenthalt einmal für 1900,- Baht bei der örtlichen Immigration um 30 Tage verlängert werden.

Will man nun den erlaubten Aufenthalt bis zum letzten Tag ausreizen, sieht das so aus:

1. Einreise 60 Tage
dann Verlängerung bei der Immigration um 30 Tage
Visarun und 2. Einreise = weitere 60 Tage
Visarun und 3. Einreise = weitere 60 Tage
macht zusammen 210 Tage in Thailand.

Von den 180 Tagen Visagültigkeit gehen immer ein paar Tage verloren, da man das Visum in Regel ja schon ein paar Tage vor Reiseantritt bekommt und auch die Aus/Einreisen nicht immer genau passend auf den Tag hinbekommt. Es ist wichtig, daß die Aus/Einreisen jeweils kurz vor oder genau mit Ablauf des jeweiligen Einreisestempels (60 Tage) getätigt werden, sonst werden Overstay Gebühren von 500,- Baht/Tag bei der Ausreise fällig. Außerdem gibt es einen häßlichen Stempel in den Pass.

Wichtig ist auch, daß die dritte und letzte Einreise noch während der Visagültigkeit von 180 Tagen durchgeführt wird. Man sollte also das Datum für den Visaablauf und das Datum für den jeweiligen Ablauf der 60 Tage immer im Kopf behalten und im Kalender rot anstreichen. Auch sollte man, wie oben angegeben, die Verlängerung bei der Immigration gleich nach Ablauf der 1. Einreise von 60 Tagen machen, da sonst nach der letzten Einreise eventuell das Visa abgelaufen ist.

Nachdem das Visum aus Deutschland abgelaufen ist, kann man sich im Nachbarland Malaysia, Singapur, Hongkong oder Manila/Philippinen ein neues Touristenvisum holen, das dann aber nur für eine Einreise und mit einer Gültigkeit von 60 Tagen ausgestellt wird. Für 1900,- Baht gibt es aber wieder eine Verlängerung bei der Immigration um 30 Tage.

Nachdem dann nach ca. 300 Tagen (210+60+30) auch das zweite Touristenvisum abgelaufen ist, muß man sich Gedanken machen, ob man jetzt alle 60 oder 90 Tage ins Nachbarland reist um sich ein neues Touristenvisum zu holen oder ob man mal wieder nach Deutschland reist um sich ein neues 180 Tage Visum zu holen und der Spaß geht wieder von vorne los.

Mit einem Touristen Visum kann man bis zu ca. 210 Tage in Thailand bleiben. Wer länger oder gar dauerhaft in Thailand bleiben oder in Thailand arbeiten möchte, braucht ein Non Immigrant Visum.

Das Non Immigrant Visum für Thailand gibt es in den Kategorien: O, B und M.

" M" ist für Filmproduzenten, die in Thailand Filmaufnahmen machen wollen, für alle anderen bleiben also die Kategorien O und B übrig.

Kategorie O ist für Ausländer, die in Thailand nur leben aber nicht Arbeiten wollen. Man muß außerdem entweder mit einer Thai verheiratet sein oder über 50 Jahre alt und eine Rente von mind 1200,- Euro nachweisen können. Es wird daher auch oft als Rentnervisum bezeichnet.

Seit August 2014 verlangt die Botschaft (nur die Botschaft, nicht die Konsulate) außerdem ein polizeiliches Führungszeugnis und ein Gesundheitszeugnis vom Hausarzt.

Wer die Bedingungen für das NI - O Visum nicht erfüllt, kann versuchen ein B Visum zu bekommen.

Das B (wie Business) Visum ist für Ausländer gedacht, die in Thailand Arbeiten oder eine Firma gründen wollen. Normalerweise braucht man für die Beantragung des B Visums eine Bescheinigung der Firma in Thailand, die einen einstellen will. Man kann aber auch versuchen in einem Schreiben einem Konsulat glaubhaft zu machen, daß man in Thailand eine Firma gründen möchte und dafür das B Visum braucht.

Grundsätzlich sollte man in Deutschland immer versuchen das Visum bei einem der Honorarkonsulate zu bekommen, nicht bei der Botschaft selber. Bei den Konsulaten ist man eher gewillt mal ein Auge zuzudrücken, man will schließlich etwas verkaufen.

Sowohl das O, als auch das B Visum gibt es entweder mit einer Gültigkeit von 3 Monaten mit einer Einreise oder mit einer Gültigkeit von 1 Jahr mit multiplen Einreisen. Auch hier gilt, das jede Einreise immer nur für 90 Tage gilt, man darf also nicht mit dem 1 Jahr gültigen Visum auch ein Jahr in Thailand bleiben, sondern man muß alle 90 Tage einen Grenzgang machen um bei der Einreise wieder einen Stempel für weitere 90 Tage zu bekommen. Das geht dann so lange bis die Visumgültigkeit von 1 Jahr aufgebraucht ist. Die letzte Einreise macht man zweckmäßigerweise kurz vor Ablauf der Visumgültigkeit um nochmal 90 Tage zu bekommen. Auf diese Weise kann man bis zu ca. 450 Tage in Thailand bleiben, bevor man ein neues Visum braucht (360+90).

Nach Ablauf dieser ca. 450 Tage braucht man dann ein neues Visum oder man hat zwischenzeitlich die Aufenthaltsverlängerung auf 1 Jahr beantragt. Wer und wie man die Jahresverlängerung bekommt steht hier: Jahresvisum für Thailand.

Um ein neues Visum zu bekommen, muß mal leider zurück in sein Heimatland fliegen, da die Botschaften und Konsulate in den Nachbarländern von Thailand für Ausländer nur die kurze Version des Non Immigrant Visums ausstellen, für 3 Monate und mit nur einer Einreise, wenn überhaupt.
Wer also plant, nicht ab und zu mal nach Hause zu fliegen für ein neues Visum, sollte frühzeitig mit der Beantragung des Jahresvisums beginnen, um die Sache in trockenen Tüchern zu haben. Wer hingegen von vorne herein weiß, das er so ca. einmal im Jahr für ein paar Wochen oder Monate nach Deutschland reisen

will, kann sich dort getrost jedes Jahr einfach ein neues Visum holen.

Eine weitere Möglichkeit für alle Altersgruppen, längerfristig in Thailand zu bleiben, ist der Aufenthalt mit dem Non Immigrant Visum der Kategorie "ED" (Education).

Voraussetzung für ein solches Visum, ist die Anmeldung für einen Kurs oder Lehrgang bei einer dafür akkreditierten Schule in Thailand. Bei der TLS oder CTLS Language School etwa, stehen Kurse für die thailändische Sprache, Englischkurse und auch Kurse in thailändischer Kultur und Ethik zur Auswahl. Ganz billig ist so ein Unterfangen aber nicht, ein 200 stündiger Sprachkurs für Thai etwa, kostet gleich mal 28.000,- Baht an Gebühren, dazu kommen dann nochmal 1900,- Baht alle 3 Monate (90 Tage) für die Verlängerung des ED Visums. Dafür spart man sich dann allerdings die Ausreisen alle drei Monate.

Theoretisch gesehen kann man dieses Visum auch schon von Deutschland aus beantragen, indem man die ganze Anmeldeprozedur bei der Schule über das Internet erledigt aber ich glaube, es ist einfacher alles von Thailand aus zu erledigen. Hier die einzelnen Schritte im Überblick:

   Schule kontaktieren und sich für einen Kurs entscheiden und anmelden
   Anzahlung von 50% der Schulgebühr und Abgabe einer Kopie des Reisepasses und 12(!) Passfotos. (Von Deutschland aus müßte das alles mit der Post hin und her geschickt werden.)

Die Schule stellt dann den Antrag für das ED Visa beim Bildungsministerium, welches für die Bearbeitung ein paar Tage oder Wochen benötigt.

Wenn der Antrag dann genehmigt und zurück bei der Schule ist, reist man mit diesem Antrag zu einer thailändischen Botschaft oder Konsulat im Ausland (Malaysia, Singapur, Laos o. ä.) und beantragt dort, mit den vorhandenen Unterlagen der Schule, ein Non Immigrant "ED" Visum. Die Ausstellung ist in der Regel innerhalb von 24 Stunden erledigt, wie bei anderen Visas auch.

Mit dem Visum reist man dann wieder nach Thailand ein und erhält an der Grenze zunächst die üblichen 90 Tage.

Vor Ablauf der 90 Tage geht es dann wieder zur Immigration um das Visum für 1900,- Baht für weitere 3 Monate zu verlängern.

Die Vorteile des ED Visum sind neben dem Sprachkurs auch die Tatsache, das man damit den thail. Führerschein machen kann, ein Bankkonto eröffnen kann und eine thail. Krankenversicherung abschließen kann. Außerdem gibt es einen Studenten Ausweis, der wiederum für alle möglichen Preisnachlässe gut ist, da man offiziell als "Thai" gilt, so zum Beispiel bei den Entritten in Nationalparks (400 Baht für Touristen, 40,- Baht für Thais) oder nachgewiesene Residenzler mit thail. Ausweis oder Führerschein.

Die Schule ist beim Ausfüllen der Anträge und bei der Beantragung des Visums behilflich. Voraussetzung ist auch, das man tatsächlich an den Kursen teilnimmt, die an jeweils 2 Tagen pro Woche für jeweils zwei Stunden dauern. Eine angenehme Nebenwirkung dieses Visums ist, das man dabei gleichzeitig ein bißchen Thai lernt und sich besser in dem Land verständigen kann.

Bei folgenden Sprachschulen kann man sich anmelden, es gibt aber sicherlich noch mehr:

TLS Language School Bangkok & Pattaya
Easy ABC Sprach & Kochschule Kurse in Deutsch! (Süd Pattaya & Nakula)
Kathu Phuket Language School. (Phuket)

Bitte senden Sie mir keine Emails mit weiteren Fragen zu diesem Visum oder den Schulen, kontaktieren Sie stattdessen bitte die Schulen direkt.

In Thailand leben etliche tausend Ausländer und ich würde mal behaupten, das 80 bis 90% davon regelmäßig alle 90 Tage oder sogar öfter ihren Grenzgang machen. Man ist also in guter Gesellschaft. Diese Grenzgänge oder Visaruns sind in Thailand bestens organisiert und ein ganzer Industriezweig verdient damit sein täglich Brot. Vollklimatisierte Busse mit Video, Stewardess und sonstigem Schnickschnack fahren täglich von den größeren Touristenorten Pattaya, Phuket, Krabi, Bangkok oder Koh Samui zur nächst besten Grenze und wieder zurück. Kosten für den Trip: ca. 2000,- Baht, je nach Aufenthaltsort. Von kleineren Orten mit weniger Farrangs fahren die bekannten Minibusse.

Und so funktioniert der Grenzgang:
Man fährt also zur Grenze, reist aus Thailand aus und ins Nachbarland ein (alles mit Stempel). Dann geht man um das Grenzgebäude herum um auf der anderen Seite die Prozedur in die andere Richtung zu durchlaufen, eben zurück nach Thailand. Dann setzt man sich wieder

in den Bus und fährt zurück zum ständigen Aufenthaltsort in Thailand.

Natürlich kann man diese Grenzgänge auch selbst organisieren und mit dem Linienbus oder dem eigenen Auto zur Grenze fahren oder wie wäre es z. Bsp. mit einer ausgedehnten Motoradtour?
Auch die Billigflieger lassen grüßen. Wie wäre es mal eben mit einer kurzen Shoppingtour nach Singapur oder Hongkong? Alle diese schönen Sachen kann man mit so einem Grenzgang erledigen.
Man sollte also diese Ausreisen nicht als notwendiges Übel, sondern als willkommene Abwechslung vom schnöden Alltagstrott in Thailand sehen. Ein bißchen Zivilisation zwischendurch kann sicher nicht schaden.
Es gibt daher keinen Grund den Thailandaufenthalt nur von der Tatsache abhängig zu machen ob man nun ein Jahresvisum bekommt oder nicht.
Ich selbst habe in 18 Jahren Thailand nie ein Jahresvisum für Thailand gehabt, sondern nur ein normales Non Immigrant "B" und immer tapfer alle 3 Monate meine Ausreise gemacht. Auf diese Weise habe ich Malaysia, Hongkong, Singapur, Taiwan, die Philippinen und sogar Seoul in Korea kennengelernt.

Viele potentielle Auswanderer fragen mich immer wieder nach den verschiedenen Möglichkeiten möglichst lange am Stück in Thailand bleiben zu können. Eine Daueraufenthaltsgenehmigung oder gar die thail. Staatsbürgerschaft wäre da natürlich die Ideallösung, jedoch sind die Chancen eine solche zu bekommen fast gleich Null!

Es gibt zwar eine Daueraufenthaltserlaubnis für Thailand, die sogenannte "Residencial Permit" jedoch hat man die Hürden dafür sehr hoch gelegt:

Zunächst einmal muß der Antragsteller es vorher geschafft haben mind. 3 Jahre am Stück (wirklich ohne Unterbrechung!) mit nur einem einzigen Non Immigrant Visum im Land zu beleiben. Schon dieser Zustand ist für die meisten nicht zu überwinden, da sie die Voraussetzungen für die Jahresverlängerung den Non Immigrant Visums nicht erfüllen und satt dessen alle 3 Monate einen Grenzgang machen. So ein Grenzgang wird aber schon als Unterbrechung angesehen.

Das zweite Hinderniss sind die hohen Gebühren: 7600,- Baht nur für die Beantragung, die auch im Falle einer Ablehnung nicht zurück erstattet werden. Im Falle einer Ausstellung werden weitere 191.400,- Baht fällig, so das man sich die Daueraufenthaltserlaubnis praktisch für 199.000,- Thaibaht teuer erkaufen muß.

Thailand hat schon vor einigen Jahren eine Qute für die Resident Permit eingeführt, so das jedes Jahr nur 100 Personen aus jeder Nation eine solche Permit bekommen können.

Weiterhin muß man eine oder mehrere der folgenden Kategorien erfüllen:

Investment Kategorie: mind. 3 bis 10 Mill. Baht Investment in Thailand

Arbeits- oder Geschäfts Kategorie (working or business)

Human Recources (Menschliche Gründe): Er oder Sie muß in einem der folgenden Verhältnisse zu einem thail. Staatsbürger oder einem anderen Ausländer stehen, der bereits eine solche Aufenthaltserlaubnis für Thailand hat:

Legaler Ehemann oder Ehefrau
  Legaler Vater oder Mutter
  Kinder unter 20 Jahre alt am Tage der Beantragung und alleinstehend
  Experten Kategorie

Der Inhaber einer Residencial Permit soll eine Reihe von Vorteilen in Thailand haben, die sich jedoch bei genauerem Hinsehen zumindest zum Teil mit den Vorteilen eines ganz normalen Non Immigrant Visums decken oder denen ähneln.

  Kauf eines Kondominiums ohne den Nachweis, daß das Geld aus dem Ausland kam.
  Möglichkeit der Beantragung einer Einbürgerung in Übereinstimmung mit dem Gesetz

In Thailand geborenen Kindern kann die thail. Staatsbürgerschaft erteilt werden
  Kann als Direktor einer "Public Company" eingetragen werden
  Möglichket zur Beantragung einer Jahresverlängerung oder der Resident Permit für nicht thail. Familienmitglieder.

Die Beantragung erfolgt einmal jährlich (meist im Dezember) nach Bekanntmachung der Eröffnung der Frist durch die Behörden und kann dann bis zum letzten Arbeitstag des Monats/Jahres durchgeführt werden. Die Ergebnisse werden dann im folgenden Mai bekannt gegeben, die Ausstellung wiederum erfolgt erst im folgenden Dezember.

Adresse für die Beantragung:

Sub-division 1, Bangkok Immigration Division (Room 301)
507 Soi Suanplu, South Sathorn Road, Kwaeng Tungmahamek, Khet Sathorn, Bangkok
oder bei der lokalen Immigration Behörde.
Ich empfehle jedoch die Residencial Permit direkt in Bangkok zu beantragen

Die ganzen 22 Punkte an verschiedenen Dokumenten, inklusive Gesundheitszertifikat, poliz. Führungszeugnis etc., die der Antragsteller bringen muß, kann man sich auf diesem PDF Documen (auf Englisch) selber durchlesen: Bedingungen für die Residencial Permit 2007 in Thailand (pdf, 97 kb)

Auch Inhaber einer Residencial Permit brauchen, wenn sie Thailand mal vorübergehend verlassen wollen eine Re Entry Permit. Diese ist für 1000,- Baht (multiple Entry) vor der Ausreise zu beantragen!

Außerdem müssen sie sich alle 5 Jahre bei der für den örtlichen Bereich zuständigen Polizeistation melden und bekommen dafür jeweils einen Stempel in den Pass.

Nach 10 Jahren am Stück in Thailand mit der Residencial Permit kann man die thail. Staatsbürgerschaft beantragen.

Thailand eignet sich schon vom Klima her besonders gut für ältere Menschen, vorausgesetzt sie können die ständige Wärme dort gut ertragen. Bei dem tropischen Klima gibt es auch keine wirkliche Blütezeit, so dass es auch Asthmakranken und anderen Allergikern in Thailand oft besser geht als in Deutschland. Die günstigen Lebenshaltungskosten sorgen außerdem dafür, dass man sich auch mit einer geringeren Rente in Thailand wesentlich mehr leisten kann als in Deutschland. Ich habe hier einmal die wichtigsten Punkte für Rentner in Thailand zusammengefasst:

Visa: Deutsche können ab einer Altersgrenze von 50 Jahren bei der thail. Botschaft oder Konsulat ein Non Immigrant "O" Visa beantragen, gut für 1 Jahr und mit multiplen Einreisen. Jede Einreise ist immer gut für 90 Tage, dann wird eine Ausreise (Visarun) fällig.
Wer jedoch über 50 Jahre alt ist und gleichzeitig eine Rente im Gegenwert von mind. 60.000.- Baht nachweisen kann, kann das Visum bei der örtlichen Immigration in Thailand auf jeweils 1 Jahr verlängern lassen. Dadurch entfallen die regelmäßigen Ausreisen alle 90 Tage. Alternativ kann für Leute, die eine geringere Rente haben, auch ein Festgeldbetrag von 800.000,- Baht auf einem thail. Konto oder eine Kombination aus Rente und Festgeld nachgewiesen werden um die Visaverlängerung zu erlangen.
Direkte Angehörige wie Ehepartner oder Kinder können ebenfalls die Verlängerung bekommen ohne die o. a. Beträge nachweisen zu müssen, dass nennt sich dann "Dependence" Visa.

Rente: Entgegen vielen Behauptungen, wird die normale deutsche Altersrente auch in Thailand zu 100% ausgezahlt.

Das gilt aber nicht für andere Renten wie Berufsunfähigkeitsrente, Erwerbsminderungsrente oder Renten nach dem Fremdrentengesetz, etwa für Spätaussiedler. Hierbei gibt es viele Unwägbarkeiten, ob die Rente nun zu 100%, 70% oder sonst was oder gar nicht ausgezahlt wird. Bitte das mit der zuständigen Stelle abklären.

Die Rentenversicherung verlangt außerdem von Rentnern die im Ausland leben, regelmäßig (jährlich) eine "Lebensbescheinigung". Diese bekommt man normalerweise von der Rentenversicherung zugeschickt und muss sie dann jeweils bei einer in der Bescheinigung genannten Stelle (Botschaft, Krankenhaus, Polizei etc.) bestätigen lassen und zurück schicken. Für den Fall das das Formblatt in Thailand mal nicht ankommt, sollte man sich ein paar Vordrucke aus Deutschland mitbringen, die man dann jeweils zum Stichtag an die Rentenversicherung schickt.

Rentenberechtigte sind verpflichtet dem zuständigen Rententräger alle Veränderungen, dazu zählt im Falle von Thailand besonders der Verzug ins Ausland, unverzüglich mitzuteilen. Rentenüberzahlungen, die durch Unterlassung einer solchen Mitteilung entstehen, müssen zurückgezahlt werden.

Bevor man als Rentner dauerhaft ins Ausland geht, sollte man das unbedingt mit der zuständigen Rentenversicherung absprechen, damit es später kein böses Erwachen gibt.

Ärztliche Versorgung: die ärztliche Versorgung in Thailand kann besonders in der Nähe der Touristenhochburgen Pattaya und Phuket als "sehr gut" bezeichnet werden. In ländlichen Regionen dagegen ist besonders bei größeren, komplizierten Sachen Vorsicht geboten. Da lässt man sich dann besser in die entfernten, modernen Krankenhäuser in Bangkok, Pattaya oder Phuket bringen. Jedoch haben auch einige andere Krankenhäuser in Thailand einen guten Ruf, andere dagegen sind eher Metzgerläden. Am besten vor

Ort erkundigen, was von dem nächst gelegenem Krankenhaus zu halten ist.
Wer täglich seine Pillen schlucken muss sollte wissen, dass man in Thailand so ziemlich alle Medikamente in der Apotheke (Pharmacy) frei kaufen kann und das auch noch deutlich billiger als in Deutschland.

In Pattaya und Phuket gibt es außerdem Deutsch sprechende Ärzte.

Krankenversicherung: Eine Krankenpflichtversicherung in der gesetzlichen Krankenkasse in Deutschland ist nach den Bestimmungen für die "Rente bei Aufenthalt im Ausland" nicht möglich. Allerdings braucht man dann auch keine Beiträge mehr dafür zu bezahlen. Daraus ergibt sich automatisch das Problem entweder eine Krankenversicherung zu finden die auch Menschen im fortgeschrittenen Alter noch zu zahlbaren Beiträgen annimmt oder gar ganz auf eine Krankenversicherung zu verzichten, was aber natürlich nicht zu empfehlen ist.

Grundsätzlich unterscheiden sowohl die Krankenkassen als auch die Rentenversicherungsträger zwischen den Personen die von vorneherein nur vorübergehend ins Ausland gehen (dabei ist ausdrücklich ein "Überwintern im Süden" als vorübergehend erwähnt) und solchen die ihren Lebensmittelpunkt dauerhaft ins Ausland verlegen.
Wer also in Thailand nur Überwintert und seinen Wohnsitz in Deutschland behält, kann zumindest bis zum Alter von 69 Jahren auf die günstigen Tarife bei der DKV (40,-€/Monat für 69 jährigen Mann) zurückgreifen.
Wer jedoch dauerhaft nach Thailand geht, muss sich für eine der anderen Expat Versicherungen entscheiden. Als

1. Adresse galt dabei bisher die Allianz Worldwide Care, leider haben die vor kurzem die Beiträge etwa für 71 Jährige von ca. 150,- € auf 350,- € pro Monat erhöht, was für die meisten wohl zu teuer sein dürfte.

Da man in einem Land wie Thailand die ambulanten Kosten beim Arzt leicht aus eigener Tasche bezahlen kann, kann man, um Kosten zu sparen, auf ausländische, internationale Versicherungen ausweichen, die etwa die ambulanten Kosten sowie andere Extras und Schnickschnack ausschließen und damit die Beiträge auf einem günstigen Niveau halten.

Bei der Health Care International gibt es 2 Tarife die interessant sein dürften, ich habe das für die Altersgruppe 66 bis 70 Jahre mal ausgerechnet:

Tarif Emergency Plus (Zahlt im Prinzip nur Krankenhauskosten bei einer Selbstbeteiligung von 2000,- US$), geeignet für Leute die praktisch nie Krank werden und die Versicherung wirklich nur für den Notfall brauchen. Monatlicher Beitrag: ca. 83,- US$ bei jährlicher Zahlungsweise.

Tarif Standard, zahlt etwas mehr als Emergency Plus, etwa 75% bei Impfungen, Komplikationen bei Schwangerschaft, Geburten bis 3000,- € und die Selbstbeteiligung beträgt nur 1000,-€. Zu den Schwangerschaften sei noch anzumerken, dass die Versicherung natürlich auch von jüngeren Leuten abgeschlossen werden kann. Monatlicher Beitrag ca. 150,- € bei jährlicher Zahlungsweise.

Es sind auch noch andere Tarife zur Auswahl, eine Vergleichstabelle der Leistungen gibt es hier zum Download (alles auf Englisch)

In Pattaya gibt es ein Versicherungsbüro, das offensichtlich die Vermittlung für die Health Care International Versicherung übernimmt, da kann man alles auf Deutsch nachlesen und ausrechnen lassen: www.swissinsuranceonline.com

Ein eigenes Bankkonto bei einer thailändischen Bank zu haben, ist nach wie vor die sicherste Methode, in Thailand sein Geld aufzubewaren.
Fast alle Banken geben zu dem Konto auch eine ATM Karte aus, mit der man im ganzen Land am Automaten Geld ziehen kann, Deckung natürlich vorausgesetzt. Einige der größeren Banken geben inzwischen sogar internationale ATM Karten und Kreditkarten an Ausländer aus (Bangkok Bank, Bank of Ayudhaya, Siam Comercial Bank...)
Es ist normalerweise kein Problem für einen Ausländer ein Konto zu eröffnen, Sie brauchen lediglich Ihren Reisepass mit einem Non Immigrant Visum und sollten in der Lage sein eine Wohnadresse anzugeben. Am Besten eine Wohnsitzbescheinigung von der Immigration vorlegen.
Von Zeit zu Zeit schiebt die "Bank of Thailand" dem allerdings einen Riegel vor und plötzlich verlangen die Banken für eine Kontoeröffnung Belege wie eine Arbeitsgenehmigung, Führerschein oder sonstigen Wohnnachweis. Diese Schranken werden aber meistens nach ein paar Wochen wieder aufgehoben, offensichtlich wenn sie merken das plötzlich kein neues Geld mehr kommt.

Tipps zur Kontoeröffnung in Thailand:

Es gibt keinen Grund sein Konto auf den Namen und mit Zugriff seines thailändischen Lebenspartners zu eröffnen es sei denn, Sie wollen Ihr Geld schnellst möglich los werden...
Es empfielt sich sein Konto bei einer kleineren Bank zu eröffnen, wenn man nicht immer stundenlang in einer Schlange warten will um bedient zu werden.

Wichtig:

Wer sein Konto lieber in Deutschland behält und regelmäßig per Kreditkarte in Thailand Geld am Automaten holen will, der sollte ein Konto bei der DKB Bank eröffnen. Dort gibt es ein kostenloses Girokonto mit ebenfalls kostenloser VISA Karte, mit der man weltweit, also auch in Thailand, gebührenfrei Bargeld abheben kann*. Zusätzlich gibt es noch richtig gute Guthabenzinsen und einen günstigen Dispositionskredit. Neu: Das DKB Konto gibt es auch für Österreicher und Schweizer.

Es scheint doch sehr viele Leute zu geben, die nicht so richtig wissen, wie sie in Thailand ein Konto eröffnen sollen oder sie können es nicht, weil ihnen dafür evtl. die nötigen Papiere (Arbeitsgenehmigung) fehlen.
Andere wiederum, wie zum Beispiel Rentner oder sonstige Personen, die irgendwoher monatliche Einnahmen auf ihrem Konto in Deutschland haben, machen umständliche und teure Überweisungen auf ihr thailändisches Konto.

Bei der DKB (Deutsche Kreditbank) in Deutschland, gibt es ein kostenloses Online Girokonto, bei dem es zusätzlich eine ebenfalls kostenlose VISA Kreditkarte dazugibt, mit der man weltweit (also auch in Thailand) gebührenfrei Bargeld an Automaten abheben kann.

Sie wohnen in Österreich oder Schweiz? Seit einiger Zeit steht das kostenlose Girokonto der DKB auch Österreichern und Schweizern zur Verfügung. Zur Anmeldung aus dem Ausland, kliecken Sie bitte hier: DKB Kontoeröffnung Ausland.

Achtung: Mit Wirkung vom April 2011 funktioniert die Kontoeröffnung für das DKB Konto von Thailand aus bis auf weiteres nicht mehr. Die erforderliche Identifizierung über die Botschaft/Konsulate ist nicht mehr möglich. Man arbeitet aber zur Zeit an einer Lösung für dieses Problem. Wenn Sie das Konto bei der DKB eröffnen wollen, müssen Sie also warten, bis Sie das nächste mal auf Heimaturlaub sind.

Ich habe es ausprobiert: In Thailand stehen die Geldautomaten, die diese VISA Karten akzeptieren fast an jeder Straßenecke und die Abbuchungen (egal wie gering) sind tatsächlich gebührenfrei. Die zusätzlichen Gebühren, die Thailand auf alle ausländischen Kreditkarten erhebt, werden von der DKB auf Anfrage erstattet.

Thailand selbst geht seit ein paar Jahren davon aus, daß ein Ausländer mindestens so um die 65000,- Baht (ca. 1500,- Euro) im Monat benötigt um zu überleben, denn nur Leute, die einen solchen Betrag als monatl. Einkommen nachweisen können oder einen

äquivalenten Betrag (800000,- Baht) auf einem thail. Konto haben, erhalten daß beliebte "Jahresvisum."
Wer das nicht hat, muß sich, abgesehen davon, das er eh schon weniger hat, auch noch mit den ständigen Ausreisen (Grenzgängen) alle 90 Tage oder so rumschlagen.
Trotzdem geht es natürlich. Es gibt sogar jede Menge Leute, die sich mit wesentlich weniger Geld im Monat mehr oder weniger gut durchschlagen. Ich möchte daher hier mal eine Art Faustregel aufstellen, mit wie viel Geld man in Thailand so über die Runden kommt:

Mit ca. 500,- Euro/Monat kann man einigermaßen gut über die Runden kommen, wenn man insbesondere eine günstige Wohnung für ca. 50,- bis 100,- Euro/Monat findet und abends im Nachtleben nicht über die Stränge schlägt.

Mit ca. 1000,- bis 1200,- Euro kann man dagegen schon ein bißchen auf den Putz hauen. Im Prinzip lebt man damit schon fast wie ein König, im Land des Lächelns.

Es gibt natürlich auch Lebenskünstler, die mit Beträgen unter 500,- Euro im Monat überleben aber ich behaupte mal das dürfte nur abseits der Touristenzentren in der tiefsten Provinz möglich sein, wo man einfache Wohnunits schon für 1500,- Baht oder weniger mieten kann.

Grundsätzlich sollte man auch nicht völlig mittellos sein wenn man nach Thailand kommt, denn gerade die billigen Unterkünfte sind immer unmöbliert und es sollte wenigstens für das Nötigste (Bett, Kühlschrank ,

Kochstelle, Geschirr, TV, Stereo, Telefon etc.) reichen, auch wenn diese Sachen nicht so teuer sind.

Man darf auch nicht vergessen, immer das Geld für die erforderlichen Ausreisen, neue Visas und auf jeden Fall das Heimflugticket zur Verfügung zu haben.

Typische monatl. Kosten in Thailand betragen ca.:
(Tauschrate: 1,- € = 40,- Baht)

Letztes Update: Januar 2015 (Anpassen der Umtauschrate, Zahlen gerundet)

Miete ab:
100 bis 300,- €

4000 bis 12000,- Baht
Essen, 2 Personen, eigene Küche ca.
150,- €

6000,- Baht
Strom ohne Aircon
25,- €

1000,- Baht
Strom mit Aircon
40,- €

1600,- Baht
Wasser: (mit Waschmaschine teurer)
3,- €

100,- Baht
Müll: (ist in einigen Regionen frei)
1,- €

50,- Baht
Telefon Grundgebühr
3,- €

100,- Baht
Internet (DSL) ab
13,- €

500,- Baht
Kabel TV oder Sateliten TV
13,- oder 40,- €

500,- oder 1600,- Baht
Summe billigst ca.:

307,- €

12250,- Baht
Summe deluxe ca:
550,- €

21950,- Baht

Dazu kommen noch weitere diverse Kosten, etwa für eine Krankenversicherung, die gibt es befristet für 3 Jahre bei der DKV ab ca. 35,- Euro/Monat oder ab ca. 37,- Euro/Monat bei der BUPA Blue Cross in Thailand sowie sonstige, evtl. auch in Deutschland weiter laufende Kosten.

Hier eine wilde Übersicht über die wichtigsten Preise in Thailand, die Sie interessieren dürften. Es handelt sich dabei um Preise, die Sie im Supermarkt bezahlen, die Mieten sind für längerfristige Vermietungen angelegt und pro Monat angegeben. Die Preise für Lebensmittel und Getränke sind in Restaurants natürlich etwas höher. Alle Preise in Thaibaht, die aktuellen Kurse gibt's hier!

Letztes Update: 24.10.2012

Lebensmittel:
5 Kg Beutel Reis: 110 bis 250,- Baht
1 Kg Kartoffeln: 35,- Baht (Saisonabhängig)
1 Kg Schweinefleisch: 120,- Baht (Angebot)
1 Kg Rindfleisch: 300,- Baht
1 Kg Zwiebeln: 27,- Baht
Deutsches Brot ca. 75,- Baht
Vollkornbrot: ca. 60,- Baht
Flasche Bier je nach Marke: 46,- bis 59,- Baht
Käse pro Kg: ab ca. 500,- Baht
Multimedia:
Telefon Grundgebühr/Monat: 100,- Baht
Internet DSL/Monat: ab 500,- Baht
Kabel TV/Monat: ab 500,- Baht
Neuer Computer: ab 15.000,- Baht (Deutsche Tastatur mitbringen!)
Laptop Computer Acer, 15,6", Thai/engl. Tastatatur: ab 12.000,- Baht
LCD Flachbildschirm TV, 32"; ab 10.000,- Baht
Digital Kamera z. Bsp. Sony DSC-W520: ab 3500,- Baht
Wohnen:
Wohnungs oder Hausmiete: ab 4000,- Baht (Reihenapartment/Unit)
Kühlschrank mit Gefrierfach: ab 7000,- Baht
Waschmachine (Thai Style): ab 5000,- Baht
Kochstelle (2 flammiger Gasherd) ab 2000,- Baht
Mikrowelle: ab ca. 2000,- Baht
Backofen (Gas mit 3 Kochstellen): ab 6000,- Baht

Reiskocher: ab 500,- Baht
Großer Schreibtisch: ab 2500,-Baht
Rattan Sitzgarnitur für Wohnzimmer: ab ca. 8000,- Baht

Auto, Moped, Transport:
Moped Honda Wave 125 cc (Standart) ca. 50.000,- Baht
PKW Pickup oder Limousine (neu) ab 500.000,- Baht
Benzin Diesel pro Liter: 30,- Baht
KFZ Steuer pro Jahr: 1700,- Baht
KFZ Versicherung/Jahr (Vollkasko): ca. 16.000,- Baht
ca. 20 km Transport im Sammeltaxi: 20 bis 30,- Baht
Busfahrt (VIP) von Bangkok nach Phuket, Samui, Krabi, Chiang Mai usw. ab 750,- Baht

Hausbau in Thailand:
Komplettpreise pro m² & Stockwerk inklusive Material & Arbeit: 5000,- bis ca. 20.000 Baht, je nach Bauweise. Siehe auch hier: Hausbau in Thailand
Sack Zement: 135,- Baht
1 Hohlblockstein: 5,- Baht

Sonstiges:
Zigaretten (20 Stück): 48,- Baht
Salami 100g: 52,- Baht
Reinigungsservice mit Bügeln pro Kg: ab 40,- Baht

Lebst Du schon oder arbeitst Du noch? Die Frage nach den Möglichkeiten in Thailand zu arbeiten ist verständlich. Irgendwie muß man ja sein Geld verdienen und irgendwie will man ja auch irgend etwas zu tun haben, den lieben langen Tag.
Den meisten Deutschen fällt es sehr schwer vom deutschen Alltagstrott Abschied zu nehmen: Früh Aufstehen, zur Arbeit gehen, müde nach Hause kommen, Abendessen, Nachrichten und Fernsehen und dann gleich ab ins Bett, denn am nächstenTag geht ja alles wieder von vorne los. Dazu kommt noch die Tatsache, das man als unternehmungslustiger Deutscher in Thailand praktisch an jeder Ecke eine Geschäftsmöglichkeit sieht, die von den Einheimischen meistens aus Unkenntnis nicht genutzt wird.

Die Möglichkeiten als Ausländer in Thailand irgendeinen Job zu finden, sind stark begrenzt und kommem wirklich nur für eine Hand voll Leute in Frage.
Eine eigene Firma zu gründen ist die andere Möglichkeit, diese ist aber für ein kleines Geschäft, das nicht so viel Arbeit macht sehr kostenintensiv und man muß sich fragen ob es sich wirklich lohnt, den ganzen Ärger mit Behörden und thailändischen Angestellten auf sich zu nehmen und vor allem das imense Risiko einzugehen, alles zu verlieren.
Dann gibt es die Gruppe der jenigen, die mit sehr viel Geld nach Thailand kommen und gleich auch eine große Firma gründen. Die Chance alles zu verlieren ist auch hier groß und man muß sich am Ende fragen, wie lange man von dem Geld hätte leben können, wenn man es nicht in ein zweifelhaftes Business gesteckt hätte.
Auf der Seite über die Lebenshaltungskosten in Thailand habe ich darüber berichtet, das man so ca.

500,- bis 1000,- Euro im Monat benötigt um in Thailand über die Runden zu kommen. Man kann sich also sehr leicht ausrechnen, wie lange man mit dem vorhandenen Kapital in Thailand auch ohne zu Arbeiten über die Runden kommt, wobei man auch die Zinsen nicht vergessen sollte, wenn man das Geld gut anlegt und sich nicht gleich ein Geschäft oder ein Haus in Thailand kauft.

Warum also nicht einfach das Leben genießen anstatt zu arbeiten, wenn man schon nach Thailand kommt?

Fast hätte ich es vergessen: Auch das Internet bietet eine ganze Reihe von Möglichkeiten in Thailand Geld zu verdienen ohne gleich eine Firma gründen zu müßen. Es ist zwar nicht ganz so einfach, da gleich mit reich zu werden aber eine Unterstützung für das vorhandene Kapital ist es allemal.

Die wichtigsten Möglichkeiten, wie man mit dem Internet Geld verdient, habe ich auf einer extra Webseite zu dem Thema zusammengefasst: Geld verdienen mit dem Internet! Perfektes bewaehrtes Projekt gibt e shier und ist echt erprobt: http://www.bundespresse.com/auswandern-und-frei-sein-weltweit-geld-verdienen/

Es gibt zwei verschiedene Möglichkeiten, in Thailand zu Arbeiten:

Man sucht sich eine thailändische Firma die einen einstellt. Das kann zum Beispiel ein Immobilienbüro (Verkaufsagent), eine Tauchschule (Tauchlehrer), Ein Hotel (Manager oder Musiker), oder ein großer, international operierender Konzern sein (Staßenbauspezialisten, Aufsichtspersonen und Manager). Für viele dieser Jobs ist es jedoch meistens von Vorteil, wenn man zumindest Englisch und noch besser, bereits etwas Thai sprechen kann. (Siehe auch: Arbeit finden in Thailand)

Man gründet eine eigene (thailändische) Firma und wird sein eigener Chef (Managing Director). Leider ist das heute nicht mehr ganz so einfach wie noch vor ein paar Jahren, da so eine Firma inzwischen schon ein gewisses Startkapital erfordert und auch in der Folge eine ganze Menge Kosten verursacht.

Wer das Glück hat, in Thailand eine passable Arbeit gefunden zu haben, braucht dann wiederum eine Arbeitsgenehmigung. Diese muß vom Arbeitgeber für den Ausländer beantragt werden und der Arbeitgeber muß dabei in einem Schreiben begründen, warum er für diese Arbeit einen Ausländer einstellen will und keinen Thai.

Es ist also klar, das nur Personen für irgendwelche Spezialgebiete eine Arbeit finden können, die ein Thai, aus welchen Gründen auch immer, nicht ausführen kann. Das funktioniert insbesondere in Tätigkeiten, die eine ausländische Sprache erfordern, die die Thais nur sehr selten oder nicht ausreichend beherrschen: Tauchlehrer, Immobilienverkäufer, Hotelmanager, Reiseleiter für Tui & Co, usw. Kurz gesagt, die Touristenbranche ist da sicherlich ein fruchtbarer Boden.

Lassen Sie sich in Thailand niemals auf ein Jobangebot oder eine Arbeitsstelle ein, wenn Sie dafür nicht gleich von Anfang an auch eine Arbeitsgenehmigung erhalten sollen. Wer beim Arbeiten ohne Arbeitsgenehmigung erwischt wird, landet meisten erstmal im Knast, was in Thailand nicht besonders angenehm ist. Beachten Sie auch: Ein Business Visum für Thailand, ist noch keine Arbeitsgenehmigung.

Eine ganze Reihe von Tätigkeiten sind in Thailand vom Gesetz her, von vorne herein für Ausländer verboten, um den einheimischen Arbeitsmarkt zu schützen. Dazu zählen hauptsächlich alle Arten von Handwerk und Handarbeit-

Hier eine Liste der Tätigkeiten, die in Thailand für Ausländer grundsätzlich verboten sind. Sie dient zum Schutz den einheimischen Arbeitsmarktes und es wäre meiner Meinung nach wünschenswert, wenn es etwas ähnliches in Deutschland auch geben würde:

Jede Art von Handarbeit (Handycraft)
Arbeiten in der Landwirtschaft, in der Viehwirtschaft, in der Forstwirtschaft oder in der Fischerei, Ausnahme Spezialisten die von der Landwirtschaftsbehörde genehmigt sind.
Bauen, Ziegelsteinlegen, Zimmerei oder andere Aufbauarbeiten
Schnitzen (Holz)
Fahren von mechanisch oder nichtmechanisch betriebenen Fahrzeugen
Ausnahme Piloten in internationaler Luftfahrt
Bedienung oder Beaufsichtigung von Verkaufsbetrieben und Geschäften
Versteigerungsaktivitäten
Beaufsichtigen, Buchhaltung oder Hilfe in Buchhaltung, Ausnahme: internationale Buchhaltung
Bearbeiten oder Polieren von Schmuck
Haarschneiden, Frisur oder Schönheits Behandlung
Weben/Spinnen von Kleidung per Hand.
Erstellung von Produkten aus Schilf, Rattan, Hanf, Stroh oder Bambus Materialien

Papier Herstellung in Handarbeit
Herstellung von Lackmaterialien
Herstellung von Thai Musik Instrumenten
Herstellung und Bearbeitung von Produkten aus Gold, Silber oder Goldkappen oder Vergolden
Herstellung von Bronze Waren
Herstellung von Thai-Puppen
Herstellung von Matratzen oder Steppdecken
Betteln
Herstellung von Seidenprodukten in Handarbeit
Erstellung und Veranschaulichung von Buddha Darstellungen
Herstellung von Messern
Herstellung von Schuhen
Herstellung von Hüten
Maklertätigkeit oder Agent, Ausnahme internationales Geschäft
Arbeit im Tiefbau, Berechnung, Planung, Organisation, Research, Nachforschung, Tests, Erstellung und Beaufsichtigung, Ausnahme "spezielle Bereiche"
Architektonische Arbeit wie Design, Planung, Zeichnung Berechnungen, Beaufsichtigung und Bewachung
Herstellung von Kleidern
Töpfe und Keramik Herstellung
Herstellung von Zigaretten (von Hand)
Beaufsichtigen, Führen oder Beraten von Touristen und Touristentouren
Strassen Handel
Alle Arbeiten die das Erstellen von Thaischrift in Handarbeit erfordern
Büro oder Sekretär Arbeiten
Rechts oder Rechtshilfen

Es gibt offensichtlich viele Leute, die völlig falsche Vorstellungen über das Arbeiten und Arbeit finden in Thailand haben. Der häufigste Irrtum dabei ist der, daß sie denken sie bräuchten in Thailand nur ein paar Firmen abzuklappern oder auf das Arbeitsamt zu gehen und schon würde man irgendeine Arbeit finden. Dem ist sicher nicht so.

Der einfachste Weg ist es sicherlich einfach eine eigene Firma in Thailand zu gründen und sein eigener Chef zu werden, so das man sich praktisch selber einstellt. Wie auch bei einer deutschen GmbH, wo die Gesellschafter sich selbst als Manager einstellen und ein richtiges Gehalt von ihrer eigenen Firma beziehen. Da so eine Firmangründung aber mit erheblichen Kosten und erforderlichem Kapital verbunden ist, ist das sicherlich nicht jedermanns Sache.

Andere Jobs als Angestellter einer thailändischen Firma sind aber, nicht zuletzt wegen der bestehenden Beschränkungen für Ausländer, sehr selten und man bekommt sie eigentlich nur, wenn man ein gewisses Know How in irgend einem Spezialgebiet mitbringt oder zumindest bereits vor Ort ist und zuschlagen kann, wenn irgendwo mal so eine seltene Arbeitsstelle angeboten wird.

Die größten Chancen eine Arbeitsstelle zu finden, bestehen meiner Meinung nach in der Touristenbranche und da wiederum ist es am einfachsten als Tauchlehrer.

Für alle anderen Jobs kann ich nur empfehlen vor Ort zu wohnen und auf jeden Fall ein paar Leute zu kennen, die einem evtl. den ein oder anderen Tip geben können.

Es wird aber auf keinen Fall so sein, das man innerhalb von ein paar Tagen einen Job findet, das kann Wochen oder gar Monate dauern. Es gilt also Geduld und ausreichend Geld dabei zu haben um eine solche Durststrecke überwinden zu können.

Auf gar keinen Fall wird man in Thailand eine Arbeit in einem konventionellen, handwerklichen Bereich finden, etwa als Automechaniker, Elektriker, Schreiner usw. Diese Arbeiten sind grundsätzlich den Thais vorbehalten und für Ausländer schlichtweg verboten. Hier nochmal der Link zur Verbotsliste, da kann jeder selbst sehen was für ihn noch übrig bleibt.

Chancen bestehen dagegen als Reiseleiter für Tui & Co., in ausländischen Immobilienbüros, in Hotels als Koch, Manager oder Musiker, Tauchschulen, großen ausländischen Restaurants oder auch als Englischlehrer in einer thail. Schule.

Keine falschen Hoffnungen, dies ist keine Seite für eine Arbeitsvermittlung in Thailand, vielmehr möchte ich hier mal ein paar, für Ausländer in Frage kommenden Jobs beschreiben und auflisten, um die vielfach vorherrschenden falschen Vorstellungen vom Arbeiten in Thailand auszuräumen. Folgende Jobs habe ich während meiner Zeit in Thailand selbst ausgeführt oder sie wurden mir oder anderen angeboten. Alle diese Jobs sind in der Touristenbranche, siehe dazu auch die Seite über Arbeit finden in Thailand

Tauchlehrer & Divemaster: Als Tauchlehrer ist es wohl am einfachsten einen Job in Thailand zu finden, vorausgesetzt man hat eine entsprechende Lizens. (Kann man auch in Thailand erwerben) Man reist einfach kurz vor Saisonbeginn an, sucht sich eine preisgünstige Bleibe und klappert alle Tauchschulen vor Ort ab und fragt, ob sie nicht einen Tauchlehrer brauchen. Meistens wird man da irgendwo fündig. Diese Technik funktioniert übrigens auch in anderen Ländern. Tauchlehrerjobs sind jedoch nicht immer legal, häufig muß man da sicherlich schwarz arbeiten, weil die Tauchschulen nicht einfach eine unbegrenzte Anzahl an Arbeitsgenehmigungen beantragen können. Das Risiko da mit einem Bein ständig im Knast zu stehen, besteht also.

Thema Reiseleiter: Der Beruf des Reiseleiters ist in Thailand für Ausländer eigentlich verboten. Der englische Begriff des "Tour Guide", befindet sich ausdrücklich in der Liste der für Ausländer verbotenen Berufe.
Trotzdem trifft man bei einem Urlaub in Thailand natürlich immer wieder auch auf ausländische Reiseleiter großer Reiseunternehmen, die ihre Gäste am Flughafen abholen, sie in die bereitstehenden Busse verfrachten und auch anschließend im Hotel betreuen und beraten. In den meisten Fällen haben diese Reiseleiter auch ganz offiziell eine Arbeitsgenehmigung.
Um einen solchen Job zu kriegen, sollte man rechtzeitig vor Saisonbeginn anreisen und den "Ober - Reiseleiter" der jeweiligen Veranstalter vor Ort ausfindig machen und sich da bewerben. Wenn es auch nicht gleich auf Anhieb klappt, es gibt immer wieder welche, die vorzeitig abreisen müssen und da kann man dann vielleicht einspringen. Außerdem gibt es ja auch mehrere Anbieter an jedem Touristenort, wo man nachfragen und ggf. seine Kontaktadresse hinterlassen kann.

Wichtig: Gehen Sie in Thailand niemals ein Arbeitsverhältnis ein, bei dem Sie nicht von vorne herein eine Arbeitsgenehmigung bekommen. Es droht eine sofortige Ausweisung oder im schlimmsten Fall auch ein Aufenthalt in einem thailändischen Gefängnis.

Englischlehrer: Thailand sucht verzweifelt mehrere hundert Englischlehrer für alle möglichen Arten von Schulen. Genommen wird fast jeder, der gut Englisch sprechen kann. Voraussetzung ist aber ein Zertifikat, das man wiederum in Thailand nach Besuch eines Seminars erlangen kann. Die Bezahlung hält sich aber in Grenzen, es ist mehr eine Beschäftigung für Leute, die sich gerne sozial angagieren wollen.

Musiker: Viele Hotels suchen begabte Musiker, die Abends die Hotelbar oder die Lobby beschallen. In Thailand werden da zwar vorzugsweise Filipinos eingestellt aber hier und da trifft man auch Europäer, die Musik machen.

Hotelmanager: Viele Hotels suchen für die Dauer der Saison gerne "Public Relation Manager" die die Kommunikation mit den Gästen aufrecht erhalten und sich vor allem die ganzen Beschwerden anhören und abstellen müssen. Voraussetzung: Entsprechendes Auftreten und mind. zwei oder drei Sprachen.

Touristenbüros: Einige Ausländer betreiben in Thailand recht erfolgreich kleine Touristenagenturen oder Reisebüros und brauchen, speziell während der Saison, oft ein paar Aushilfen zur Kundenberatung oder im Büro.

Immobilienbüro: In Thailand gibt es zahlreiche Immobilienbüros, die ab und zu Verkaufsagenten und Kundenberater suchen. Vor Ort nachfragen oder in die lokalen Zeitungen gucken.

Webdesigner, Grafiker: Internetfirmen, die Webseiten und andere Internetangebote erstellen haben in Thailand immer gut zu tun. Vor Ort bei den Firmen nachfragen.

Koch: Viele ausländische Restaurants oder Hotels suchen während der Saison oft europäische Köche. Abklappern und vor Ort nachfragen.

Verkäufer oder Kundenberater: Eine große Firma für Tauchausrüstung in Phuket sucht öfter mal ausl. Verkaufspersonal für Tauchausrüstung etc. Voraussetzung: Tauchlehrer oder gute Kenntnisse der Tauchbranche und mehrere Sprachen (neben Deutsch wenigstens fließen Englisch)

Hausverwalter: Der Besitzer einer kleinen Villenanlage suchte letztens einen Hausverwalter der sich um die Luxus Häuser und Gäste kümmern sollte, da er/sie selbst aus irgendwelchen Gründen nach Hause mußte. Traumjob mit guter Bezahlung, gestellter Wohnung und Auto. Muß man Glück haben.

Auf einer anderen Seite hier hatte ich bereits über die Möglichkeiten berichtet, die Ausländern eventuell als Angestellte in einer thailändischen Firma zur Verfügung stehen.

Eine andere Möglichkeit in Thailand zu leben und zu arbeiten ist es eine eigene Firma zu gründen. Während der Firma selbst fast alle Möglichkeiten (Arbeiten) offen stehen, bleiben die Arbeiten für den Ausländer selbst jedoch beschränkt. Immerhin kann man jedoch in seiner eigenen Firma als "Managing Director" agieren und erhält auch eine Arbeitsgenehmigung für diesen Posten. Es ist auch kein Problem in seiner eigenen Firma eine Arbeitsgenhemigung für eine spezialisierte Arbeit zu bekommen, wenn man über eine solche Befähigung verfügt. Hier also einige Ideen und Beispiele, was Ausländer so als Selbstständige in Thailand machen.

Inhaber einer Reiseagentur/Traveloffice: Wird oft von Reiseleitern genutzt, die mal in Thailand waren und gerne im Land bleiben wollen. Gut wenn man da Verbindungen zu großen Reiseveranstaltern hat, mit denen man Agenturverträge abschließen kann und dann deren Gäste vor Ort betreut.

Herstellung ausländischer Essensspezialitäten. Es funktioniert fast immer, wenn sich in Thailand deutsche, österreichische oder Schweizer Bäcker, Metzger oder Köche niederlassen. Man bekommt leicht eine Arbeitsgenehmigung für die Herstellung oder das Kochen von ausländischem Essen.

Tauchschule: Ist nicht mehr so das "Gelbe vom Ei". Da fast immer in irgendwelchen Nationalparks getaucht wird, bedarf es Sondergenehigungen und da man in der Touristenbranche tätig ist bedarf es der Mitgliedschaft in der TAT (Tourism Authority of Thailand). Damit sind wieder weitere Anforderungen an die Qualität und Größe des Tauchcenters und eine Unmenge an Papierkrieg verbunden. Es ist praktisch nicht mehr möglich klein einzusteigen, man muß gleich eine größere Summe auf den Tisch legen um einen entsprechenden Tauchshop hinzustellen, der allen Anforderungen gerecht wird. Tauchshops sollten naturgemäß in der Nähe des Wasers sein und dort, am Strand, sind die Mietpreise für Läden in astronomische Höhen geschossen und praktisch nicht mehr finanzierbar.

Barbesitzer: Da sich eine Firmengründung mit all dem Aufwand und den Kosten für eine Bar nicht lohnt, operieren die meisten ausländischen Barbesitzer illegal und lassen das Geschäft günstigstenfalls auf einen Thaipartner laufen. Für die entsprechende Alkohollizens brauchte man sowieso einen Thailänder. Ohne Firma aber auch keine Arbeitsgenehmigung und so stehen die meisten Ausländer mit einem Bein in ihrer Bar und mit dem andern im Knast. Aufgrund der fehlenden legalen Grundlage, wissen Barbesitzer auch oft nicht, wie und wo sie ein neues Visum herkriegen sollen. Da entstehen dann immer die Horrormeldungen über Visaverweigerung, Ausweisung usw.

Restaurantbesitzer: Bringt fast ähnliche Probleme mit sich wie eine Bar. Wer jedoch eine zuverlässige Thaifrau hat und das Restaurant seriös betreibt, kann mit der Frau zusammen etwa eine Partnership LTD gründen und hat so eine legale Geschäftsgrundlage für Visum und Arbeitsgenehmigung

Import/Export: Man kann entweder in Thailand produzierte Waren ins Ausland exportieren oder aber ganz spezielle Güter aus dem Ausland einführen und in Thailand verkaufen. In Phuket hat sich z. BSp. schon vor Jahren jemand damit selbstständig gemacht, Steckdosen, Schalter und viele andere Elektroartikel aus Deutschland zu importieren und an die ansässigen

Ausländer zu verkaufen, wenn diese gerade ein Haus Bauen oder renovieren. Hat funktioniert, auch wenn Elektroartikel in Thailand sonst viel billiger sind aber meist eine schlechte und billige Qualität aufweisen.

Hotel/Resort/Guesthouse Besitzer: Ein gutes Geschäft, wenn man früh genug vor Ort war und das Land billig erwerben konnte. Wer hier zu spät kommt landet meist weit vom Strand oder Touristenzentrum entfernt und kann nur überleben wenn man ein gutes Marketing über das Internet oder Reisebüros im In und Ausland betreibt. Aufgrund der oft zahlreichen thailändischen Angestellten haben die Besitzer hier auch viel mit Personalproblemen zu kämpfen.

Web und Grafik Design: Das Geschäft ist ein bischen abgeflaut, da heute fast jeder einen eigenen Computer hat, aber es läuft nach wie vor: Internetseiten erstellen, Menüs für Restaurants und Hotels, Vorlagen für Visitenkarten usw.

Immobilien & Consulting Büros: Die Sache mit den Immobilien ist etwas schwieriger geworden, da Ländereien nicht mehr auf Firmen mit ausländischer Beteiligung eingetragen werden dürfen. Man kann aber immer noch genug mit der bloßen Vermittlung von Ländereien und Immobilien verdienen. Auch Beratungsbüros für unterschiedliche Bereiche funktionieren gut.

Ein Ausländer braucht in Thailand zum legalen Arbeiten eine Arbeitsgenehmigung. So wie ein Ausländer in Deutschland auch, nur ist diese in Thailand ungleich schwieriger zu kriegen.

Wer in Thailand beim Arbeiten ohne dieses kleine blaue Buch erwischt wird, geht gleich erstmal in den Knast, Punktum! Da kann man dann bleiben bis zu einer Verhandlung oder man bezahlt eine Kaution um rauszukommen und wird anschließend des Landes verwiesen, so einfach ist das. Diese Kaution bewegt sich meistens zwischen 2000,- und 4000,- Euro aber nach oben sind keine Grenzen gesetzt.

Die Definition ob man nun arbeitet oder nicht, wird übrigens von dem jeweiligen Immigrations oder Polizeibeamten festgelegt der einen festnagelt, nicht von dem Ausländer selbst.

Sprüche wie "Ich arbeite ja nicht" wie sie von vielen Barbesitzern zu hören sind, werden da sehr schnell Lüge gestraft.

Eine Arbeitsgenehmigung ist auch nicht zu verwechseln mit dem sogenannten Business Visa, dem Non Immigrant "B". Dieses Visa ist nur eine der Voraussetzungen für eine Arbeitsgenehmigung.

Eine Arbeitsgenehmigung kann immer nur von einer Firma und nicht vom Ausländer selbst beantragt werden. (siehe Firmengründung). Die Firma muß dabei in einem Schreiben begründen, warum sie für diese Arbeit einen Ausländer benötigt und warum die Arbeit nicht von einem Thai gemacht werden kann. Wer also glaubt er könnte einen kleinen Handwerksbetrieb aufmachen oder als Maurer, Klempner oder Autoschlosser in Thailand arbeiten, liegt falsch. (Siehe "Arbeiten in Thailand") die ABG definiert genau bei welcher Firma, an welchem Ort und welche Arbeiten man verrichten darf. Wer außerhalb seines Territoriums erwischt wird, geht auch meist erst mal in den Knast, wobei diese Fälle eher selten sind.

EIne Arbeitsgenehmigung wird neuerdings immer für 1 Jahr ausgestellt und ist damit unabhängig von der Gültigkeit des Einreisestempels (90 Tage)

Für jede Arbeitsgenehmigung muß die Firma vier thailändische Arbeitskräfte einstellen. (Wird an verschiedenen Orten evtl. unterschiedlich gehandhabt).

Wer eine Arbeitsgenehmigung hat, der arbeitet auch und muß daher auch Steuern zahlen. Dabei geht Thailand davon aus, daß ein Ausländer nicht unter Preis arbeitet und der zu versteuernde Mindestverdienst liegt bei ca. 30000,- Baht/Mon. (regional verschieden) Das macht monatliche Steuern von ca. 1500,- Baht aus. Wer die Steuern nun bezahlt, die Firma oder man selbst, ist Verhandlungssache.

Hier eine vorläufige Liste der Dokumente die man bringen muß um eine ABG zu beantragen:

Ausgefülltes Antragsformular (in Thai!)

Kopie von jeder beschriebenen Seite des Reisepasses mit Visa

Quallifikationsnachweis für die Arbeit (Gesellenbrief etc.)

Alle Firmenpapiere des Arbeitgebers (ca. 20 A4 Seiten)

Eine Grafik über die Hierarchie der Firma

Eine Karte (selbstgemacht) auf der der Arbeitsort und die nähere Umgebung eingezeichnet ist.

Ggf. Heiratsurkunde

letzter Steuerbescheid (Bilanz) der Firma

Bescheinigung warum die Arbeit nicht von einem Thai gemacht werden kann.

2 Paßbilder

Wer wirklich länger oder für immer nach Thailand kommt, ein bißchen Geld mitbringt und eine gute Idee hat kann dort seine "eigene" Firma gründen. Auch hier gilt wieder, daß diese Seite für "Normal Sterbliche" geschrieben ist, nicht für Großfirmen o. ä.

Es gibt 3 Varianten, die von Ausländern benutzt werden um in Thailand ein "Busineß" zu betreiben:

Die thailändische Einzelfirma..... ist eine Einzelfirma wie in Deutschland auch. Man geht aufs Amt und holt sich einen Gewerbeschein, das kostet nur 500,- Baht. Leider kann diese Firma nur von einem Thai gegründet werden, nicht von einem Ausländer. Diese Methode wird oft von Barbesitzern, Betreibern kleiner Restaurants und anderer "Minifirmen" benutzt. Man schickt seine thailändische "Frau" los und die meldet das Gewerbe auf ihren Namen an. Fertig. Das Problem für den Ausländer: auf dem Papier besitzt er nichts, sein Name taucht in keinem der Papiere auf! Er bekommt auf diese Firma weder ein Visum noch eine Arbeitserlaubnis. Diese Leute halten sich dann meistens mit einem Touristenvisa für eine bestimmte Zeit über Wasser. Wer clever ist sieht wenigstens zu das der Mietvertrag für das Restaurant oder die Bar auf seinen Namen läuft, sonst ist man völlig rechtlos. Wenn die Frau dann mal nach einem Krach "auscheckt" hat man wenigstens noch die Hardware. Nicht zu empfehlen!

Die Partnership limited ist eine Geschäftsform die ideal für deutsch-thail. Ehepaare ist. Die thail. Hälfte ist immer noch der Boss (51%) aber der Ausländer ist als Teilhaber in den Geschäftspapieren mit 49% eingetragen und kann auf dieser Grundlage ein Non Immigrant Visa "B" und eine Arbeitsgenehmigung bekommen. Man kann diese Art der Firma von einem Anwaltsbüro gründen lassen aber man kann es auch selbst, in Begleitung des "Thaipartners" erledigen. Die Gründungsformalitäten sind wesentlich einfacher und günstiger als für die u.a. Company Ltd. Aber Achtung, die Folgekosten bzgl. Steuerberater, Steuern, Bilanzabschluß und Arbeitsgenehmigung sind die gleichen.

Die Company limited (Co.Ltd) ist die Geschäftsform wie sie auch von größeren Firmen in Thailand genutzt wird und gleicht der deutschen GmbH. Auch hier muß ein Firmenkapital von mind. 1 Mill. Baht angegeben werden aber erst ab 2 Millonen bekommt man eine Arbeitsgenehmigung. Der Vorteil gegenüber der Partnership ist, das hier der Ausländer als "Managing Director" mit alleiniger Unterschriftsgewalt eingetragen werden kann. Mit etwas finanziellem Aufwand läßt man diese Firma in der Regel von einem Anwaltsbüro, inkl. aller Formalitäten, auch der Arbeitsgenehmigung, erledigen. Für diese Geschäftsform werden seit 1. Juli 2008 nur noch 3 Teilhaber benötigt (vorher 7) wobei "auf dem Papier" mind. 51% der Geschäftsanteile in Thaihand sein müssen. Das Anwaltsbüro sorgt in der Regel auch für die entsprechenden Teilhaber. Die Gründung einer Co. LTD kostet im günstigsten Fall so um die 35.000,- Baht. Wenn Übersetzungspapiere dabei sein sollen, wird es etwas teurer. Für weitere ca. 10.000,- Baht wird auch die Beantragung der Arbeitsgenehmigung gleich mit übernommen. Die

Preise sind aber wirklich die unterste Grenze und können nach oben stark variieren.

Wenn Sie eine CO. LTD gründen, achten Sie darauf das diese Firma an dem Ort, wo sie sich befindet auch registriert wird. Wenn die Firma sich beispielsweise in Koh Samui befindet, sollte sie nicht von einem Anwalt, der in Phuket ansässig ist, in Phuket eingetragen werden.

Vor Gründung dieser Firma müssen sie 3 verschiedene Firmennamen angeben, die zunächst in einem ca. 14 tägigen Prozeß überprüft werden. Erst wenn der Name "durch" ist, kann die Firma gegründet werden. Ein gutes Anwaltsbüro macht das inzwischen "online", da geht es schneller.

Wenn das notwendige Kapital von 2 Mill. Baht nicht vorhanden ist, kann man sich das normalerweise gegen Gebühr für einen Tag (Kopie des Sparbuchs) bei dem Anwalt "leihen".

Nicht vergessen: Eine Firma muß auch Steuern zahlen!

Zusätzlich zu den monatlichen Kosten für den Steuerberater (ca. 2000 bis 5000,- Baht) wird noch eine jährliche Gebühr für die Bilanz von ca. 10 bis 20.000,- Baht fällig.

Eine Firmengründung durch einen Anwalt kostet ca. 35 - 40 000,- Baht plus nochmal ca. 10.000,- für die dazugehörige Arbeitsgenehmigung.

Es gibt für alles einen Weg!

Aus gegebenem Anlaß möchte ich diesen Artikel noch loswerden. Mich erreichen immer wieder Emails, wo Ausländer die Idee haben oder ein Angebot bekommen

mit einem Thai als Partner zusammen eine Firma zu betreiben. Meistens braucht der Thai Geld um etwa ein neues Resort zu bauen oder eine Anlage zu vergrößern und findet einen "dummen", weil naiven Ausländer der dieses Geld beisteuert.
Gleich vorne weg: Mir ist kein einziger Fall bekannt, wo eine Partnerschaft mit einem Thai auf dieser (finanziellen) Ebene über längere Zeit funktioniert hätte*.

In der Regel läuft es etwa so ab:
Der Thai kassiert das Geld, gründet womöglich sogar noch eine Firma mit dem Ausländer und läßt den Ausländer eine Zeit gewären. Sobald das Unternehmen aber anfängt Geld abzuwerfen und man dem Ausländer etwas abgeben müßte, ist es mit der Freundlichkeit und der sogen. Freundschaft der Thais meistens vorbei. Der Ausländer wird kurzerhand aus der Firma geworfen (das ist ein sehr einfacher Vorgang beim Anwalt**) oder rausgeekelt und nach Hause geschickt. Vom Ausländer angestrengte Gerichtsprozesse sind da meistens erfolglos und verlaufen im Sande. Wenn es um größere Geldbeträge von ein paar Mill. Baht geht, kann es sogar gefährlich werden.
Um das zu verstehen, muß man so einen Fall mal auf Deutschland übertragen. Man stelle sich vor, man besitzt (als Deutscher) in Deutschland ein gut gehendes Hotel in einem gut besuchten Urlaubsort. Eines Tages kommte ein Türke (oder ein anderer Ausländer) vorbei, den man vielleicht schon ein paar Wochen kennt und fragt, ob er nicht mit in das Geschäft einsteigen kann. Würden Sie da einwilligen? Ich glaube da wäre man schön blöd und das sind die Thais eben auch nicht.

Warum sollte ein Thai einen Ausländer in sein (gutgehendes) Geschäft mit einsteigen lassen, wenn nicht mit schlechten Hintergedanken?

Also Vorsicht ist geboten bei allzu großzügigen Angeboten seitens der Thais, was Landkauf, Firmengründung/Beteidigung und ähnliches anbelangt. Man sollte nicht davon ausgehen das man vielleicht ein Schnäppchen gemacht hat, weil der Thai sich womöglich verrechnet hat.

Sprüche seitens der Thai wie etwa: "You my friend, I can help you" oder "My brother is big man in Government" oder "I have big family can help you" oder "I can make for you" usw. sollten nicht ernst genommen werden. Der normale Thai kennt sich genausowenig mit dem thail. Ausländerrecht aus wie wir das in Deutschland tun. Welcher Deutsche weiss schon welche Papiere ein Ausländer (in Deutschland) bringen muß um etwa eine Arbeitsgenehmigung zu bekommen, eine Firma zu gründen usw. wenn er nicht gerade zufällig mit einer Ausländerin verheiratet ist.
Insbesondere bei dem Satz: "We can use my name to buy land" oder so ähnlich, sollten die Alarmglocken schrillen!

* Dieser Beitrag gilt natürlich nicht für große Firmen die vom BOI oder von der Regierung gefördert werden und die die Mittel und die Zeit haben ihre Verträge ausreichend zu schützen und ggf. auch einzuklagen. Doch selbst diese großen Firmen und Konzerne haben seit Dezember 2006 Probleme. Da hat nämlich die eingesetzte Militär Regierung in Thailand die Stimmrechte für Ausländer in solchen Firmen (Joint Ventures) auf unter 50% eingeschränkt.

** Wie schmeißt man als Thai einen Ausländer aus der Firma?

Ganz einfach: Man geht zum Anwalt und läßt den Namen des Ausländers in den Firmenpapieren gegen den Namen der Ehefrau oder eines sonstigen Bekannten austauschen und fertig. Das kostet nicht mal 100,- Euro. Die Firmenpapiere werden dabei komplett neu ausgestellt und der Ausländer hat nichts mehr in der Hand.

Eine andere beliebte Methode ist es, die Firma einfach zu schließen und dann ohne den Ausländer neu zu gründen.

Das Leben Thailand ist leicht und einfach, wenn von irgendwoher regelmäßig Geld auf das eigene Konto fließt und man sich keine großen Gedanken ums Überleben machen muß.

Gut haben es daher all jene, die eine ausreichende Rente aus Deutschland beziehen, Mieteinnahmen in Deutschland- oder sonstige, mehr oder weniger automatische Einkünfte haben. Sie können das Leben in Thailand in vollen Zügen genießen und brauchen sich keine großen Gedanken über Firmengründung und Arbeitsgenehmigung machen.

Eine weitere Möglichkeit in Thailand zu leben und sich seinen Lebensunterhalt zu finanzieren, ist das Geld verdienen im Internet. Da gibt es gleich eine ganze Reihe von Möglichkeiten, ich möchte hier mal einige als Beispiel auflisten um die Leser hier vielleicht auf eine Idee zu bringen. Darauf, wie man die einzelnen Möglichkeiten technisch umsetzt, möchte ich hier zunächst nicht eingehen, dafür gibt es im Internet ausreichend Lektüre.

Einen Internetshop, für den Anfang zum Beispiel auch bei Ebay, wobei man leicht Sachen, die man in Thailand billig einkaufen kann, weltweit verkaufen kann. Ausreichende Englischkenntnisse für das weltweite Verkaufen vorausgesetzt.
http://www.bundespresse.com/auswandern-und-frei-sein-weltweit-geld-verdienen/

Ein Internet Reisebüro. Es gibt Affiliateprogramme, die komplette, fix und fertige Reiseseiten anbieten. Allerdings muß man hier irgendeine Möglichkeit finden, um ausreichend Besucher auf diese Webseite zu bekommen, etwa über Google AdWords.

Betreiben von Webseiten (z. Bsp. eine Reisewebseite über Thailand?!?) und Geld verdienen mit Empfehlungen, Reisebuchungen oder sonstiger Werbung auf eben diesen diesen Webseiten.

Man kann auch im Internet Geld verdienen, ganz ohne eigene Webseite, indem man über kostenpflichtige Anzeigen, etwa bei Google AdWords, die Produkte anderer Leute verkauft und die Komission für den Verkauf kassiert. Es soll Leute geben, die es mit dieser Masche bis zum Millionär gebracht haben.

Verkauf von Ebooks! Im Zeitalter der Tablett PCs und Ebook Reader, werden Ebooks immer beliebter. Anstatt also sein Fachwissen auf einer Webseite kund zutun, kann mann das Ganze auch als Ebook verfassen und dieses wiederum im Internet verkaufen. Es gibt auch Anbieter, die ihre Ebooks über Lizensen zum Weiterverkauf anbieten.

Für fast alle diese Möglichkeiten im Internet sein Geld zu verdienen gilt, dass es fast immer einige Zeit dauert, manchmal Monate oder gar Jahre, bevor etwa eine Webseite genug Geld abwirft, dass man davon Leben kann. Man sollte also rechtzeitig damit anfangen.

Weiterhin stellt sich die Frage, ob man in Thailand eine Firma und eine Arbeitsgenehmigung braucht, um ein solches Internet Business zu betreiben? Wenn man die thailändischen Behörden fragt, so lautet die Anwort auf diese Frage eindeutig Ja! Denn für Ausländer in Thailand wird jegliche Tätigkeit, mit der man Geld verdient als Arbeit angesehen.

Andererseits bewegt man sich da in einer Grauzone. Man kann dieses Geld ja schließlich auch in Deutschland verdienen und versteuern und in Thailand nur einen ausgedehnten Urlaub verbringen...

Offensichtlich glauben diese Leute daß man einen langfristigen Aufenthalt wie einen Urlaub mal eben buchen kann. Dem ist nicht so!

Ich möchte daher hier noch einmal die einzig logische und vernünftige Verfahrensweise ansprechen:

1. Tag: Anreise in Thailand und einchecken in irgendeinem Hotel oder Resort.
Infos für das richtige Ticket gibt es hier!
Billige Flüge buchen geht hier!
Günstige Pauschalreisen für die ersten Tage in Thailand gibt es hier! (immer erst kurzfristig buchen, das ist viel günstiger).
2. - 5. Tag: Moped oder Auto mieten und durch alle Straßen fahren und ein Haus oder Wohnung zum mieten suchen. Evtl. in deutschen Kneipen, Tauchschulen oder bei anderen "Expats" nachfragen ob die wissen wo gerade etwas frei ist.
Spätestens am 5. Tag sollten Sie etwas in der Preisklasse von 3000,- bis 8000,- Baht/Monat oder weniger gefunden haben und ziehen ein. Im oberen Rahmen dieser Preisspanne sollte die Wohnung bereits möbliert sein, so daß Sie keine Möbel etc. kaufen müssen. Was man bei so einer Suchaktion alles an Häusern findet, habe ich hier beschrieben.
Eine Zeitlang "Probewohnen" und sich akklimatisieren und sich mit Nachbarn & anderen Ausländern bekannt machen.
Wer wirklich länger bleiben und ein Stück Land kaufen, mieten oder bebauen möchte kann dann langsam anfangen etwas passendes zu suchen. Nichts überstürzen! Man kann diese Zeit auch Erstmal nutzen sich eine andere Wohnung zu suchen, wenn einem die erste nicht gefällt.

Bitte bedenken Sie folgendes: Ein Thai,der irgendwo ein Stück Land besitzt und es verkaufen möchte wird keine Webseite darüber machen. Sie werden solche Angebote also mit Sicherheit nicht im Internet finden. Gleiches gilt für einzelne Häuser oder Wohnungen die zwischendurch mal frei werden. Da hängt man maximal ein Schild raus: "For Rent" und nach ein paar Tagen findet sich ein Nachmieter oder Käufer.
Internetseiten mit diversen Objekten werden immer dann gemacht wenn es sich um ein Kondominium oder eine neue Wohnanlage handelt und ein Investor/Makler Käufer oder Mieter dafür sucht. Solche Objekte sind natürlich darauf ausgerichtet um damit Geld zu verdienen und sind somit meistens entsprechend teuer. Man scheint es dabei insbesondere auf Rentner abgesehen zu haben die einen Altersruhesitz suchen. Wenn Sie zuviel Geld haben können Sie sich natürlich ruhig auf ein solches Objekt einlassen.

Eine gute Adresse um solche Wohnungen zu finden sind unter Umständen auch die deutsch oder engl. sprachigen Zeitungen. (Anzeigen) Als ich diesen Artikel im März 2006 schrieb, mal ein kurzer Blick in die Phuket Gazette :

Lake-view apartments in Kathu. Fully furnished with aircon, fridge, cable TV, hot water and car park. Rent 200 baht a day. (=6000/Monat)
Modern studio apartment off Nanai Rd. Newly renovated, fully furnished incl. TV, fridge, hot shower, fan and kitchenette; baht 6,500/month for long-term rent; ADSL Internet available.

Im "Farang" fand ich diese Anzeige für Pattaya:

HOCHWERTIG MOEBILLIERTE STUDIOWOHNUNG, 40 QUADRATMETER, mit ueberdachten Balkon, Badezimmer mit Heisswasserdusche, Deckenventilator und Klimaanlage, Kuehlschrank, Fernseheher (dt. Welle/Kabelanschluss), kleine europaeische Einbaukueche mit elektrischen 4 Plattenherd, Dunstabzugshaube, und grossen Backofen, und vieles weitere mehran langfristigen Mieter fuer 5500 Baht/Monat zu vermieten. Mietkaution: 5500 Baht. Die Wohnung liegt 500m vom Jomtienstrand entfernt, verfuegt ueber Swimming-Pools, sehr grossen tennisplatz, Restaurant, kleiner Supermarkt, und ist 24 Stunden bewacht. Tel.: xxxxxxxxx (deutsch/Privatvermietung).

Hier scheiden sich die Geister, wer in Thailand leben will muß irgendwo wohnen. Es bieten sich verschiedene Möglichkeiten:

Ich miete ein Haus oder Apartment und ziehe wieder aus wenn es mir Spaß macht (die beste Variante)
Ich "kaufe" ein Stück Land und baue ein Haus darauf (geht nicht)
Meine Thaifrau kauft das Land auf sich. (ganz schlecht!)
Ich "kaufe" ein Stück Land auf 30 Jahre und baue ein Haus (gut)
Ich kaufe eine Wohneinheit in einem Condominium (wenn's denn sein muß)

Sicher haben Sie es schon woanders gelesen: Ein Ausländer kann und darf in Thailand kein Land erwerben. Es gibt Ausnahmen, wobei Sie aber entweder mind. 40 Mill. Baht in Thailand investiert haben müssen, oder Sie sind sozusagen ein Duzfreund des ehem. Premierministers. (Priveleg Programm). Sie können auch eine Wohneinheit in einem Condominium kaufen, doch wollen Sie wirklich in einem "Betonbunker" wohnen, wenn Sie schon nach Thailand kommen?

Wenn Sie neu nach Thailand kommen sollten Sie auf jeden Fall erst mal was kleineres Mieten und "Probewohnen" bevor Sie sich an die anderen Varianten begeben. Wenn es Schwierigkeiten gibt, gleich welcher Art können Sie einfach Ihre Koffer packen und ausziehen. Die Angebote, auch hier etwas ansprechendes zu finden, sind reichhaltig, schauen Sie unter "Häuser zum vermieten" nach.

Der Haken, sich langfristig auf etwas festzulegen ist der, daß Thailand immer irgendwelche "Überraschungen" für einen auf Lager hat.

Da gibt es die Geschichten von dem Ausländer der ein wunderschönes, einsames Haus an einem Berghang besaß, bis zu dem Tag als man entschied eine Straße direkt über seinem Haus an den Hang zu kleben.

Oder am Ende der Straße in der Sie wohnen wird plötzlich und ohne Vorankündigung ein ganzer Berg abgetragen und den ganzen Tag und die ganze Nacht rollen hunderte von LKWs an Ihrem Haus vorbei und stauben Sie zu und das über Monate! Das passiert Ihnen nicht? Warten Sie es ab! Erst mal Probewohnen.

Die Leute kommen ja bekanntlich mit den unterschiedlichsten Vorstellungen und Träumen nach Thailand. Die einen lieben den Trubel und das Nachtleben in den bekannten Touristenorten, andere sind überzeugte Farmer geworden oder leben einfach in den Tag hinein, mit ihrer Thaifrau, irgendwo im flachen Nordosten des Landes. Dort ist das Land und die Lebenshaltungskosten im Vergleich zu den Touristenmetropolen, noch extrem günstig.

Die meisten "Auswanderer" kommen jedoch nach Thailand wegen Sonne, Wärme, Strand und Palmen. Die finden sich in oder in der Nähe der Touristenorte im Süden von Thailand, natürlich in Hülle und Fülle. Im Hinterland dieser Touristenorte, wo das Land noch etwas billiger ist, gibt es auch ausreichend Unterkünfte für Langzeiturlauber und Auswanderer, die man relativ günstig mieten kann. Wohlgemerkt: Im Hinterland! Das heißt, so ca. 1 bis 2 km vom nächsten Strand entfernt. Dazu kauft man sich einen fahrbaren Untersatz, so dass man bei Bedarf damit zum Einkaufen oder eben zum Strand fahren kann.

Nun melden sich bei mir immer öfter Menschen, die den Traum noch etwas weiter spinnen und gerne ein kleines Haus am Strand oder zumindest in Strandnähe hätten. Abgesehen davon, das ich weder Häuser oder Land vermiete oder verkaufe und auch kein Vermittler derselben bin, kann ich hier nur abwinken.

Jegliche Ländereien in Thailand, die sich in Strandnähe befinden, sind wirklich extrem teuer und, zumindest in den Touristenregionen, bereits von den Hotels beschlagnamt. Selbst die abgelegenen Strandbereiche, weit außerhalb der Touristengebiete, haben sich diverse Investoren und Spekulanten schon vor Jahren unter den Nagel gerissen und warten nun darauf, das sich der Tourismus bis zu Ihnen ausbreitet. Das gilt nicht nur für die eigentlichen Strände selbst, sondern auch für felsige

Küstenabschitte, an denen das Meer gar nicht zugänglich ist.

Abgesehen von den Preisen, hat ein Haus am Strand noch ganz andere Nachteile. Die salzige Luft zerstört im und am Haus alles, was aus Metal ist und zwar in kürzester Zeit. Sogar vermeintlich rostfreies Geschirr fängt irgendwann an zu rosten. Ein Moped oder Auto, welches neben dem Haus parkt, sieht schon nach einem Jahr aus, als wenn es mindestens 10 auf dem Buckel hätte und dann heißt es: Der TÜV ist durch mein Auto gefallen...

Bliebe noch die Hoffnung auf irgendwelche weit abgelegen Strände oder ein abgelegenes Fischerdorf am Strand? Auch hier habe ich wenig Hoffnung. In den Fischerorten in der Strandbereich meistens dermaßen verdreckt, das man da schon freiwillig das Weite sucht. Ich kenne außerdem keinen Ausländer, der es über einen längeren Zeitraum in solch einer reinen Thai Comunity ausgehalten hätte, ohne Kontakt zur Außenwelt bzw. zu anderen Landsleuten, wo man seine Muttersprache sprechen kann. Es wird sogar von Ausländern berichtet, die nach längerer Zeit, nur unter Einheimischen, in die Klapsmühle mußten...

Also Leute, vergeßt am besten den Traum vom Haus am Strand in Thailand und sucht Euch eine passable und bezahlbare Unterkunft, wie oben beschrieben im Hinterland der Touristenorte und fahrt bei Bedarf mit dem Moped zum Strand. Ihr werdet Euch noch wundern, wie selten ihr tatsächlich an den Strand und ins Meer zum Schwimmen gehen werdet. Der Traum vom ewigen Urlaub ist relativ schnell ausgeträumt.

Über die Möglichkeiten, sowie die Vor und Nachteile als Ausländer in Thailand Land zu kaufen oder zu mieten habe ich schon auf den anderen Seiten hier berichtet.

Diese Seite soll einen Überblick geben, über die verschiedenen Landtitel oder besser Landpapiere die es in Thailand gibt und die verschiedenen Landmaße, mit denen die Größe eines Grundstücks angegeben wird.

Hier eine kleine Liste für die Landabmessungen::

1 Rai = 1600 m²
1 Ngan = 400 m²
1 Tarang Wah = 4 m²

1 Rai = 4 Ngan = 400 Tarang Wah

Die Grundstücksgrößen werden in Thailand fast immer in Rai angegeben. Das ist besonders wichtig, wenn man irgendwo ein Schild sieht, auf dem man nur die Zahlen lesen kann.

Nun zu den verschiedenen Landtiteln die es in Thailand gibt, mit dem wichtigsten zu erst:

Der wichtigste und wertvollste Landtitel ist das Chanot. Nur mit einem Chanot sind die Grundstücksgrenzen genau (per GPS) ausgemessen und damit die Grundstücksgröße und Grenzsteine exakt festgelegt. Ausländer sollten nur Land kaufen oder mieten das diesen Titel hat. Bei allen anderen Landtiteln ist der Ärger mit den Nachbarn vorprogrammiert. Da wird plötzlich behauptet, das des Nachbarn Land an einer ganz anderen Kokospalme anfängt als vorher festgelegt usw. Um es genau zu sagen: Wenn man das

Land mit einem niederen Titel erst mal gekauft & bezahlt hat, kommen die Nachbarn, einer nach dem anderen und schneiden einem scheibchenweise das Land wieder ab.

Aber: Auch ein Chanot kann mit Krediten oder Mietverträgen belastet sein, deshalb unbedingt vor einem Kauf oder Miete beim zuständigen "Landamt" überprüfen lassen, am besten durch einen Anwalt.

Der zweithöchste Titel ist das Nor Sor Sam(3) Gor! Auch dies ist noch ein gesetzlicher Landtitel, wobei die Grundstücksgrenzen und Grenzpunkte durch eine Luftaufnahme festgelegt werden. Das Land kann in kleinere Parzellen aufgeteilt werden und gesetzliche Handlungen müssen nicht öffentlich ausgeschrieben werden.

Das Nor Sor Sam(3) ist ein Landpapier, das eine bestimmte Person als Besitzer bestätigt und ihn berechtigt das Land zu nutzen. Es ist keine Besitzurkunde. Bei diesem Landtitel sind die Grenzen und Grenzpunkte nicht 100 prozentig in Karten festgelegt, was immer zu Problemen bei der Erfassung der eigentlichen Landfläche führt.

Alle weiteren, niederen Landpapiere, wie das Sor Por Gor 4, Por Bor Tor 6 oder Sor Kor 1 , sind lediglich Bestätigungsurkunden das ein Stück Land existiert und das der Inhaber der Urkunde aufgrund einer jahrelangen Nutzung oder Vererbung "vielleicht" ein Recht auf dieses Land hat oder, wie beim Por Bor Tor 6, dafür schon Steuern bezahlt.

Die Regierung unter Taksin hatte versucht, die Thais dazu zu bringen alle ihre Ländereien in Chanots umzuschreiben, damit es irgendwann einmal nur noch dieses eine Landpapier gibt.

Sollten Sie sich entschließen in Thailand ein Haus zu bauen, hier die wichtigsten Regeln:

Das Haus sollte auf Land stehen, daß Sie auf Ihren Namen für mind. 30 Jahre gemietet haben. Wenn das Land auf den Namen Ihres thail. Lebenspartners steht, machen Sie mit dem Lebenspartner einen Mietvertrag, der, weil länger als 3 Jahre, vom Landamt schriftlich abgesegnet sein muß, sonst ist er wertlos. Einige Rechtsanwälte, insbesondere in Phuket und Pattaya haben derartige Verträge für Sie vorbereitet.

Das Haus muß von einem Architekten geplant werden. In einigen Orten ist das die gleiche Person, die anschließend auch die Baugenehmigung ausstellt. Fragen Sie also am besten beim zuständigen "Bauamt" nach.

Zum Hausbau müssen Sie sich einen Bautrupp suchen und mit dem "Polier" einen Preis pro m^2 aushandeln. In der Regel ist es so, daß der Bauherr das Baumaterial selbst besorgt und der Bautrupp nur die Arbeiten ausführt aber dann muß man auf das Material aufpassen, es kann sein das die Arbeiter z.Bsp. Nachts den ein oder anderen Sack Zement verkaufen...

Zahlen Sie immer nur in kleinen Häppchen, wenn auch die Arbeit geleistet wurde, sonst ist plötzlich der Bauleiter oder auch der ganze Trupp mit dem Geld verschwunden.

Sie müssen selbst die Bauaufsicht führen. Es ist das Beste wenn Sie den Arbeitern ständig auf die Finger schauen und Fehler bei der Ausführung gleich im Keim ersticken.

Preise: Insgesamt müssen Sie mit ca. 5000,- Baht (einfachste Bauweise: Units) bis 20 000,- Baht pro m^2 für einen Bungalow bzw. kleine Villa inkl. Material & Arbeitskosten rechnen. Es kommt da natürlich auf die

Aufwendigkeit der Ausbauten und Einrichtung an. In der Nähe von bekannten Urlaubsorten wie Pattaya, Phuket, Koh Samui oder Krabi, sowie in oder in der Nähe größerer Städte können sich die genannten Preise leicht verdoppeln.

Wenn Sie dem Bautrupp nur die Arbeit bezahlen und das Material selbst kaufen, liegen Sie bei ca. 2000,- Baht/m² (für die Arbeit). Auch Freifläche wie Es häufen sich im Moment die Anfragen nach DSL Anschlüssen, USB Surf Sticks und nach der Verfügbarkeit von schnellem DSL in Thailand.

Die Abdeckung mit schnellen DSL Leitungen in Thailand ist im großen und Ganzen gut. Das gilt zumindest für alle großen Touristenzentren, wie Phuket, Pattaya, Koh Samui oder Krabi und alle größeren Städte..
Wer irgendwo in der tiefsten Provinz wohnt, muß vor Ort sehen was die Telefonanbieter oder ISPs zur Verfügung stellen.
Wer nur für ein paar Wochen oder Monate nach Thailand geht, muß sich wohl oder übel mit einer Simkarte und einem USB - Surfstick zufrieden geben, wobei auch hier die Geschwindigkeiten für Videotelefonate per Skype vollkommen ausreichen.
Wer hingegen eine feste Bleibe hat, kann sich auch um einen Festnetzanschluß bemühen und sollte dann mit DSL Anbietern keine Probleme mehr haben, außer, dass man auf einen Anschluss oft wochenlang warten muß.

Bei den Festanschlüssen über die Telefonleitung werden mittlerweile bis zu 12 Mbit/sek. Angeboten. Das Netz ist in Thailand nicht immer zu 100% stabil, was die hohen Geschwindigkeiten anbelangt aber es reicht für die meisten Anwender völlig aus, ohne irgendwelche Einschränkungen hinnehmen zumüssen.

Für den normalen Urlauber, der ohne Laptop reist, gibt es quasi an jeder Strassenecke Internet Cafes, wo man für ein paar Baht die Stunde, alle wichtigen Sachen im Internet erledigen kann. Außerdem stellen die meisten Hotels und Guesthouses eine Internetecke zur Verfügung. Ob das von Ihnen gebuchte Hotel auch kostenloses WLAN im ganzen Hotelbereich zur Verfügung stellt, müssen Sie mit dem jeweiligen Hotel abklären.

Das ein gemietetes, einzelnd stehendes Haus, einen Telefon oder Internetanschluss bereits hat, ist eher unwarscheinlich. Vielleicht liegt auch noch eine Leitung vom Vormieter, die nur wieder "angeklemmt" werden muß.

Hier eine kleine Liste der Internetanbieter in Thailand, die DSL teils sowohl über die Telefonleitung als auch über das mobile Netz, per Surf Stick oder Funk Modem anbieten:

TOT | 3BB | INET | LoxInfo | e-go | CAT | SAMART | KSC | PACNET | True | Ji-Net |

Ich möchte aber gleich dazu sagen, das die Seiten sehr kryptisch und hauptsächlich in Thai gehalten sind, so dass man kaum Informationen über Produkte und Preise herauslesen kann.

Es ist eigentlich ganz einfach: Um ein Fahrzeug, gleich welcher Art zu kaufen brauchen Sie:

Kopie von Ihren Reisepaß mit einem gültigen Non Im. Visum (O oder B)

Neu: Ab sofort reicht auch ein Touristenvisum (Der normale 30 Tage Einreisestempel reicht nicht)

Eine Meldebescheinigung von der Immigration (bekommen Sie auf Anfrage wenn Sie sich wie vorgeschrieben, innerhalb von 24 Std. nach der Einreise dort melden)

Geld

Mit diesen Unterlagen gehen Sie ins Geschäft, suchen sich aus was Sie haben wollen, bezahlen und fahren in der Regel mit dem Auto oder dem Moped gleich nach Hause. Anstelle des Nummernschildes erhalten Sie ein vorläufiges (rotes) oder gar keins. Das Orginale bekommen Sie erst nach ca. 5-6 Monaten.
Die Anmeldeformalitäten für Versicherung und Straßenverkehrsamt erledigt das Geschäft. Sie erhalten zunächst nur eine Art Kaufbestätigung, darin sollte Ihr Name, der Typ und die FG Nummer des Fahrzeuges auftauchen.

Achtung Neu! Autokauf in Bangkok, so geht's.

Tip: Wenn Sie nun mit Ihrer "Thaifrau" das Geschäft aufsuchen wird der Verkäufer vorschlagen das Fahrzeug doch auf die Frau anzumelden, das sei viel einfacher.....
Ist es, für den Verkäufer, denn er muß weniger Papiere zum Straßenverkehrsamt schleppen, das ist alles.
Gehen Sie am besten alleine los um das Fahrzeug zu kaufen, denn wenn sie den Vorschlag des Verkäufers

ablehnen und das sollten Sie dringend, wird Ihre thail. Hälfte evtl. ein paar Tage schmollen aber das geht wieder weg.....
Wenn das Fahrzeug nicht auf Ihren Namen gemeldet ist, können Sie es gleich abschreiben. Beim nächsten Krach checkt die Frau aus und das Auto oder Moped ist mit weg. Sie haben dann auch vor der Polizei keinen Anspruch darauf!

Mopeds kann man auch langfristig mieten. Das kostet zum Teil nur 2000 - 3000,- Baht pro Monat und wirkt auf den 1. Blick sehr günstig. Aber bedenken Sie: Schon nach ca. 12 Monaten haben Sie das Geld für ein Eigenes an Miete ausgegeben.

Autoversicherung in Thailand:
In Ihrem eigenen Interesse sollten man über die Pflichtversicherung hinaus eine Haftpflicht - oder am Besten eine Vollkasko-Versicherung abschließen. Die gesetzlich vorgeschriebene Personen - Versicherung zahlt im Schadensfall maximal 50000,- Baht und dies auch nur für Personenschäden. So könnte es durchaus passieren, daß Sie bei einem Unfall unter Umständen bis zur endgültigen Klärung der Schadenssregulierung im Polizeigewarsam verbingen müssen.

TÜV
Kaum zu glauben aber sowas ähnliches gibt es auch in Thailand. Autos, die älter sind als 7 Jahre oder Motorräder die älter sind als 5, müssen bei der jährlichen Entrichtung der KFZ Steuer einen kleinen Test durchlaufen. Dabei werden in der Regel aber nur Fahrgestellnummer, Bremsen, Abgas und Licht überprüft. Böse Überrschungen hat es hier schon bei Ausländern mit extrem getunten Karosserien gegeben.

Da mußte einiges wieder in den Originalzustand zurück versetzt werden. Es ist also Vorsicht geboten, wenn Sie ein "verändertes" Fahrzeug von einem Einheimischen kaufen.
Die KFZ Steuer und Versicherung muß pünklich gezahlt werden, sonst wird eine Penalty, also Strafe fällig. Bei Fahren ohne gültigen Versicherungsschutz kann sogar eine empfindliche Strafe von bis zu 20000,- Baht fällig werden.

Hier mal ein kleiner Report über einen Autokauf in Bangkok, den ein Bekannter gerade durchlaufen hat:

Autohändler gibt es in Thailand überall, in jedem Provinzstädtchen. Doch wer sich mal die Gebrauchtwagenpreise in Thailand angeguckt hat, wird mit Erstaunen feststellen das die Preise für Gebrauchtwagen in Thailand relativ gesalzen sind, jedenfalls verglichen mit Deutschland. Das liegt wahrscheinlich daran, das in Thailand kaum mal ein Auto aus TÜV-Gründen stillgelegt werden muß und somit wertlos wäre. Da kann es dann schon mal vorkommen, das ein 10 Jahre alter und ein 5 Jahre alter Wagen beim Händler nebeneinander stehen und sich im Preis kaum unterscheiden. Einen günstigen, guten Gebrauchtwagen kauft man daher am besten in Bangkok, denn da ist das Angebot am größten und somit die Preise am günstigsten. Da kann man ruhig einmal die Reise aus der Provinz in Kauf nehmen. Ein Bekannter hat das Prozedere gerade durchlaufen und hier ist der Bericht:

Auto aussuchen:

In Thailand gibt es ein paar Portale im Internet, wo man sich zahllose Gebrauchtwagen, die bei Händlern in Bangkok stehen schon im Voraus aussuchen kann. Eine dieser Seiten findet sich hier: www.one2car.com. Die Seite baut sich u.U. außerhalb von Thailand sehr langsam auf, also etwas Geduld ist angesagt. In Thailand wird Thai gesprochen und so auch auf dieser Webseite, trotzdem kann man sich einen Überblick verschaffen, indem man sich oben rechts auf der Seite per Drop Down Menü die Autos nach Fabrikat, Baujahr usw. auflisten läßt. Bei den gelisteten Fahrzeugen dann auf das Auto der Begierde klicken und schon bekommt man alle Informationen mit zahlreichen Fotos, technischen Daten, Preis und Händleradresse. Da druckt man sich am besten ein paar von aus und nimmt sie mit nach Bangkok. Das ausgesuchte Auto war hier ein Toyota "Yaris" (Jahreswagen) für 599.000,- Baht.

Toyota Yaris beim Händler in Bangkok

Die Reise nach Bangkok:
Ziel der ganzen Aktion war es eigentlich morgens früh nach Bangkok zu fliegen und die Stadt noch am selben Tag mit dem umgeschriebenen, neuen Wagen zu verlassen. Das klappte nicht ganz, da man den Fehler gemacht hatte, noch bei einem anderen Händler vorbeizuschauen und so erst Nachmittags bei dem ausgesuchten Händler auftauchte. Also vieleicht eine Nacht in Bangkok einplanen aber es geht auch an einem Tag wenn man es straff organisiert.

Beim Händler:
12:30 beim Händler, Auto ausgesucht, geprüft und Entscheidung bis spätestens 16:00 Uhr. Dann beim Händler das Auto komplett bezahlen, nach der

Versicherung schauen und die notwendigen Papiere abgeben, damit der Händler den Wagen am nächsten Morgen um 10:00 bei der Zulasungsstelle (Khunsong) anmelden kann, was ca. 3 bis 4 Stunden dauern kann. Achtung: Ohne komplette Bezahlung macht der nichts! Mit dem Händler vereinbaren, daß man das Auto am nächsten Tag um 14:00 Uhr abholen kann. (Telefon Nr. mitnehmen).
Wenn man früh genug beim Händler war und den Wagen bis spät. 12:00 Uhr bezahlt hat, kann man ihn noch am selben Tag mitnehmen aber eine Nacht in Bangkok ist ja auch nicht schlecht...

Der nächste Tag:
Gegen 14:00 den Händler anrufen ob alles fertig ist, dann mit dem Taxi zum Händler und mit dem Auto nach Hause fahren.

Die Kosten der ganzen Aktion:
Flug nach Bangkok: 2300,- Baht (Billiger mit dem Bus oder Billigflieger)
Taxi Kosten in Bangkok: 500,- Baht
Gebühren & Service: 3500,- Baht
2 Übernachtungen in BKK & Hua Hin: 3200,- Baht
Benzinkosten für die Rückfahrt nach Krabi: 2000,- Baht

Fazit:
Das Auto war in Bangkok über. 40.000,- Baht billiger als ein vergleichbarer Wagen beim Händler in Krabi, im Süden Thailands, die aufgelaufenen Kosten schon mit eingerechet. Man sollte aber trotzdem unbedingt vorher beim Händler vor Ort die Preise einholen und vergleichen.

Die Zeiten, wo man sich den thail. Führerschein für ca. 500,- Baht praktisch kaufen konnte scheinen zumindest vorerst vorbei. Die Reformen des ehem. PM Taksin lassen grüßen. Wer heute in Thailand den Führerschein machen will muß nun:

 einen Farb, Seh & Reaktionstest machen. Außerdem Entfernungen abschätzen können, dafür gibt es extra ein Gerät.
 Ärztl. Zeugnis mitbringen, kriegt man in der Regel problemlos für ein paar Baht bei jedem Arzt.
 Fragebögen ausfüllen: 20 Fragen für Moped, 30 für Auto. Man kann sich das engl. Buch mit den Regeln usw. vorher kaufen und lernen. Andernfalls hat man vor der Prüfung 1 Stunde Zeit sich alles anzueignen.
 Es findet jetzt auch auf jeden Fall eine Fahrprüfung statt: Parkur mit Schildern, Kreuzungen etc. außerdem muß man Einparken können.
 Die üblichen Papiere inkl. entsprechende Anzahl von Kopien mitbringen:
  Reisepaß mit Non Im Visa, 2 Passfotos 35x35mm, Wohnbestätigung von der Immigration, Gesundheitszeugnis (s.o.).
 ca. 200 Baht für den Auto FS, der fürs Moped ist etwas billiger

Die Alternative: Umschreiben lassen!

Dazu braucht man den neuen EU Führerschein, dieser muß nun von anerkannter Stelle ins Thailändische übersetzt, dieses von der deutschen Botschaft beglaubigt und anschließend noch von dem: Legal Officer 5; Department of Consular Affairs, Ministry of Foreign Affairs of Thailand abgestempelt werden. Das ganze kostet dann ca. 3000,- Baht + noch die 200,- für die Ausstellung des thail. FS.

NEU! In Thailand kann man jetzt auch den Internationalen Führerschein bekommen, allerdings gibt es den nur in Bangkok bei folgender Adresse:
Headquarter Office der Land-Transport
1032 Phaholyothin Road, Lard-yao
Chatuchak, Bangkok 10900 (gegenüber des bekannten Chatuchak Markets)
Führerscheinstelle im 1. Stock, Schalter 18 & 19

Folgende Unterlagen werden benötigt:

   Reisepass und eine Kopie desselben (mit Non Immigrant Visum)
   2 neue Passbilder (2 inches)
   Thailändischer Führerschein und eine Kopie davon
   Wohnsitzbescheinigung der deutschen Botschaft oder vom Konsulat (nur das Original, 930 Baht) oder
   eine Arbeitsgenehmigung sowie eine Kopie derselben.

Das Ganze kostet 505,- Baht und ist für 1 Jahr gültig. Wenn man auch einen Motorradführerschein hat, sollte man darauf achten das auch dieser mit eingetragen wird.

Gültigkeit: Der thailändische Führerschein und der umgeschriebene sind zunächst für 1 Jahr gültig, die nächste Verlängerung ist dann für 5 Jahre!
Der internationale Führerschein hingegen ist immer nur für 1 Jahr gültig.

Tip: So wie die Prüfung abläuft wird in Thailand auch gefahren. Rechnen Sie daher beim Auto oder Mopedfahren nie mit der Intelligenz der anderen und pochen Sie auch nie auf Ihre Vorfahrt. Thais fahren plötzlich und unerwartet los, ohne sich umzudrehen oder zu blinken. Sie ordnen sich beim Abbiegen auch nicht vorher ein, sondern fahren ohne zu blinken oder sich umzudrehen einfach rüber....Wenn es kracht, ist der Ausländer fast immer "Schuld", also äußerste Vorsicht ist geboten. Schließen Sie zusätzlich zu der Pflichtversicherung noch eine "richtige" (Teil/Vollkasko/Haftpflicht)Versicherung für Ihr Auto oder Moped ab.

Vorsicht ist auch mit der eigenen Fahrweise geboten. Die thail. Polizei greift in den letzten Jahren immer stärker gegen Verkehrssünder durch und arbeitet dabei mit so gemeinen Mitteln wie Radarpistole und Alkoholmessgerät, sogar ein Punktesystem mit entsprechendem Fahrverbot wurde eingeführt.

Es ist manchmal schon etwas lustig, wenn Thais, die Englisch noch nicht in der Schule gelernt haben versuchen, etwas Englisch zu sprechen. Noch lustiger wird es aber, wenn deutsche Auswanderer oder Touristen, die ebenfalls ohne Englischkenntnisse nach Thailand ausgewandert sind, diese nun ausgerechnet von den Thais erlernen.

Da entstand zum Beispiel vor ein paar Jahren, folgende Konversation, zwischen einem deutschen Barbesitzer und seiner thailändischen Lebensgefährtin:

Sie: Feddy, your fend not pay! Him drink two beer but him not pay!
Er: What man? My friend not here.

Sie: Your friend sit here on the bar, him go and him not pay!
Er: Why you not ask him? What him drink?
Sie: Him drink two beer, now him go olleddy! You have to go and ask him money!
Er: I not go. You must go.
Sie: I don't know where him go. You now him. Him your friend.
Er: Him not my friend. Give me one beer!
Sie: Where is the beer, we have no more beer!
Er: Look in the Kühlschrank, the beer ist after the Coke....

Ich habe auch lange gebraucht um dahinter zu kommen: das merkwürdige Englisch, das die Thais sprechen, ist zum größten Teil ihre eigene Sprache (Grammatik), die sie dann Wort für Wort ins Englische übersetzen, ohne den Satz entsprechend umzustellen. Soviel erst mal zu den thailändischen Englischkenntnissen.

Muß man die thailändische Sprache lernen, wenn man in Thailand leben will? Eigentlich ja, sollte man meinen aber die Erfahrung hat gezeigt, das sich auch Ausländer ohne jede Thai oder Englischkenntnisse, über viele Jahre in Thailand wohl fühlen und auch gut zurecht kommen. Im Supermarkt kann man sich ja nehmen was man sieht und braucht und in den Restaurants sind die Menüs zum größtenTeil in Englisch oder gar in Deutsch verfaßt.

Etwas anders sieht es aus, wenn man in Thailand ein Geschäft betreiben will. Da kann es dann schon mal nichts schaden, wenn man die ein oder andere Redewendung in Thai beherrscht.

Wann kann man eigentlich von sich behaupten, man könne Thai sprechen? Wenn man viel versteht, wenn man es lesen und schreiben kann? Also ich behaupte nicht von mir, das ich Thai sprechen kann aber mit dem was ich kann, komme ich überall gut zurecht. Ich kann nach dem Preis fragen, ich verstehe die Zahlen, Farben, kenne die wichtigsten Sachen wie Bahnhof, Flughafen etc. auf Thai und die meisten Thai Gerichte und Getränke.

Ich würde mal sagen, dass jemand, der die thailändischen Nachrichten im Fernsehen versteht und anschließend genau sagen kann was wo passiert ist, von sich behaupten darf, er könne Thai!

Die thailändische Sprache ist eine Sprache, bei der es auf die Betonung der einzelnen Worte ankommt. Man kann nicht einfach ein Wort nachsprechen, wie es irgendwo geschrieben steht. Man muß es auch richtig betonen, sonst versteht der Thai entweder gar nichts oder man hat ihn im schlimmsten Fall zutiefst beleidigt, nur weil man ein Wort falsch betont hat. Ein gutes Beispiel dazu ist das Wort "Pie" . Pie ist zum einen die Ansprache an eine ältere, respektvolle Person. Etwas anders betont, bedeutet es aber auch Geist oder Gespenst. Falsch ausgesprochen, ist also das Fettnäpfchen perfekt.

Natürlich gibt es auch Regeln in der thailändischen Sprache aber kein Thai kennt sie oder kann sie einem richtig erklären. Wenn man das alles richtig lernen wollte, müßte man sich tatsächlich nochmal hinsetzen und die Schulbank drücken. Thaikurse werden überall an den Touristenorten, in Pattaya, Phuket, Koh Samui oder Krabi angeboten.

Die thailändische Sprache hat auch eine ganz andere Schrift und damit auch ein ganz anderes Alphabet, als das unsere. Es ist daher schwierig und kostet Zeit, wenn man das alles erlenen will. Ich persönlich halte es für nicht unbedingt erforderlich, schließlich haben wir als Kinder auch erstmal 6 oder 7 Jahre die deutsche Sprache erlernt und erst mal nur gesprochen, bevor wir in die Schule gegangen sind und dort auch Schreiben und Lesen gelernt haben.

Wer sich das trotzdem antun möchte, muß sich, wie gesagt, an eine der Language Schools in den Touristenorten wenden. In einigen Orten in Deutschland werden vielleicht auch über die VHS Abendkurse in Thai angeboten, so dass man sich schon im Vorfeld etwas schlau machen kann.

Wer glaubt in Thailand in Sachen Handy in einem Dritte Welt Land zu sein, der liegt vollkommen falsch.

Ein Handy zu besitzen gehörte in Thailand schon lange vor Deutschland zum "Guten Ton" und auch heute noch zeigt man gerne was man hat und vor allem was man sich leisten kann. So ist es keine Verwunderung, daß man bei den Thais immer die neuste Handy Technik sieht, was älter ist als 1 Jahr oder so, wird wieder abgestoßen und man kauft sich das Neuste, was gerade am Markt ist.

Mit dem deutschen Handy in Thailand:
Natürlich funktionieren alle modernen Handys aus Deutschland auch in Thailand und zwar sowohl mit einer deutschen Simkarte (zu teuer) als auch mit einer thailändischen.

Es ist aber dringend anzuraten, sich sofort nach der Ankunft in Thailand eine thailändische Simkarte zu kaufen um nicht die teuren Roaming Gebühren bezahlen zu müssen. Ich empfehle hier die Simkarten der Marke "one2call", es gibt sie an jeder Ecke, das Netz ist in Thailand überall erreichbar und man kann sie in jedem 7eleven Laden aufladen. Die Gepräche sind ebenfalls preiswert, für nur 7,- Baht/Minute kann man damit nach Deutschland telefonieren.

Handy in Thailand kaufen:
Man kann sagen, das man alle Modelle aller bekannten Hersteller die es in Deutschland gibt, auch in Thailand kaufen kann. Die Preise sind in etwa die gleichen. Ein Problem könnte dabei allerdings die Beschriftung und die Software des Handys sein. Sie können zwar alle Thai, Chinesisch und Englisch aber "Deutsch" ist nur bei den wenigsten installiert. Meinem Nokia 2610 aus Thailand habe ich erst auf den Philippinen Deutsch beigebracht, indem sie dort im Handyladen einfach eine neue Software aufgespielt haben.

Telefonieren am Steuer
Das Telefonieren während der Fahrt, ist auch in Thailand verboten und wird mit Strafen zwischen 400,- und 1000,- Baht geahndet. Telefonieren mit Freisprecheinrichtung ist hingegen erlaubt.

Um es gleich vorwegzunehmen, außer "Deutsche Welle" (DWTV) kann man in Thailand keinerlei deutschsprachige Programme empfangen. Es gibt seit vielen Jahren Gerüchte, das demnächst sogar RTL zu empfangen sei aber wie gesagt, Gerüchte und das schon seit Jahren.

Es gibt offensichtlich Bestrebungen von ARD & ZDF ein Programm für Auslandsdeutsche zu senden aber die Zielgruppe wird zunächst in westlicher Richtung (USA Kanada usw.) gesucht. Bis das nach Asien kommt kann noch dauern. Unsere Nachbarn Frankreich und Italien sind da schon seit Jahren weiter.

Es haben schon einige Leute probiert mit mitgebrachten Sat. Schüsseln und Receivern etwas zu empfangen, leider ohne nennenswerten Erfolg.

In Thailand gibt es 3 Möglichkeiten, einigermaßen vernünftige Programme zu empfangen:

Das Bezahlfernsehen über Satellit. Einrichtungspreis ca. 6000,- Baht inkl. Schüssel & Receiver. In den Receiver wird eine Chipkarte gesteckt und es müssen monatl. Gebühren von bis zu 1700,- Baht für das "Goldpaket" bezahlt werden. Bleibt die Zahlung einmal aus, macht es "Klick" und der Empfang ist weg. Dann fährt man in die Stadt, bezahlt wieder und wenn man nach Hause kommt ist der Empfang schon wieder da. Das geht alles über Satellit. Wenn die Anlage installiert wird, sollte man dabei sein und evtl. Bohrmaschine, Dübel und Schrauben zur Verfügung stellen sonst wird die Schüssel an die Wand "genagelt" und beim nächsten Wind ist der Sender weg.

Die Betreiberfirma lockt oft mit Promotion Aktionen, wo entweder der Einstieg billiger ist, die Gebühr für 6 Monate schon bezahlt, oder wie letztens ein DVD Player mit dabei ist. Also Augen auf beim Satelitenkauf!

Eine eigene Schüssel! Man kann natürlich auch kostenloses Satelliten TV empfangen, leider muß die Schüssel dafür aber eine Größe von mind. 1,80m haben und das macht das Mitbringen schwierig. Deutsche Welle TV wird vom AsiaSat 2 ausgestrahlt und da dieser Satellit ganz Asien bedienen muß ist der Abstrahlwinel sehr groß und das Signal nur sehr schwach. Man kann diese Monsterschüsseln in Thailand kaufen zum Preis von 8000 - 30000,- Baht. Die teureren Versionen sind schwenkbar/programmierbar und man bekommt um die 200 Sender rein. Mit dabei ist die Deutsche Welle, Star Movies, alle Thai Sender und auch sonst viel unverständliches aus Burma usw. sowie die herzzerreißenden Liebesgeschichten aus Indien. Keine monatlichen Kosten mehr.

Kabelfernsehen in Thailand gibt es in fast allen Städten und Touristenorten. Die Kabelgesellschaft benutzt die Technik und die Sender, die mit einer großen Schüssel frei zu empfangen sind. Die monatl. Kosten sind gering, ca. 500 Baht und der Anschluß ist schon inklusive. Letzte Promo Aktion in Krabi: 1 Jahr Kabel TV, inkl. Anschluß für 4500,- Baht.

Internet: Seit einiger Zeit ist es nun auch möglich deutsche Sendungen über das Internet zu empfangen bzw. aufzuzeichnen. Voraussetzung ist ein DSL Anschluß mit mindestens ca. 2 Mbit/sec.

Wenn man in Thailand lebt, kommt es häufig vor das man sich an einem ganz normalen Werktag auf den Weg in Stadt macht um zu einer Behörde oder auf die Bank zu gehen. Dort angekommen, muß man dann feststellen, daß alle Büros und besonders die Banken geschlossen haben. Das liegt dann an der sehr hohen Zahl an Feiertagen, denn hier nimmt man alle Feiertage mit, so gut es geht: Die Buddhistischen, die Chinesischen, die Thailändischen, die Muslemischen und zum Teil feiert man auch noch die Westlichen. Fällt ein Feiertag auf einen Samstag oder Sonntag, wird er am Montag nachgeholt. Banken und Ämter sind dann geschlossen.

Tip: Man besorgt sich einen thailändischen Kalender (den man bis auf die Zahlen normalerweise nicht lesen kann) und versucht, nicht gerade an einem Rot gekennzeichneten Tag auf die Bank zu fahren.
Hier die wichtigsten Feiertage in Thailand für 2015

01. Januar: Neujahr
10. Februar: Chinese New Year - Chinesisches Neujahrsfest
11. März: Makha Bucha Day
06. April: Chakri Memorial Day (Samstag)
08. April: Ersatzfeiertag für den Chakri Day
13.-15. April Songkran Feiertage (Wasserfest)
16. April: (Dienstag) Ersatzfeiertag, weil Sonkran auf ein Wochenende fiel.
01. Mai. Labour Day, Tag der Arbeit
05. Mai Coronation Day, Krönungstag
06. Mai Ersatzfeiertag für den Krönungstag
10. Mai Tag des Pflügens
24. Mai Visakha Bucha Day
01. Juli Bankfeiertag (Nur Banken haben geschlossen)
30. Juli: Asarnha Bucha Day
12. August: Geburtstag der thailändischen Königin
23. Oktober: Chulalongkorn Day - Gedenktag an König Rama V
18. November: Loy Kratong Festival (Lichterfest)
05. Dezember: Geburtstag des thailändischen Königs
10. Dezember: Constitution Day (Verfassungstag)
12. Dezember Ersatzfeiertag

31. Dezember Silvester
Beflügelt offensichtlich durch die zahlreichen Auswanderer Dokus im Fernsehen, scheint es viele Deutsche zu geben, die glauben, sie könnten in Deutschland Hartz 4 oder Arbeitslosengeld kassieren und gleichzeitig in Thailand- oder einem anderen Billigland leben. Dem ist nicht so!
Man sollte sich auch von dem Irrglauben trennen, das man in Thailand einfach nur auf's Arbeitsamt gehen muß um dort weiterhin Arbeitslosengeld oder etwas ähnliches zu kassieren. Arbeitslosengeld gibt es in Thailand, wenn überhaupt, nur für Thais und nicht für Ausländer. Außerdem ist das Arbeitsamt in Thailand (Labour Department) auch nicht für die Arbeitsvermittlung für Ausländer zuständig.

Wer nach Thailand auswandern und dort leben möchte, muß sich damit abfinden, auf den eigenen Beinen zu stehen und nicht bei jeder Gelegenheit nach dem Staat um Hilfe zu rufen.

Aber zurück zu Hartz 4. Nachdem ich hier geschrieben hatte, das man als Hartz 4 oder ALG Empfänger nicht nach Thailand reisen und dort Leben darf, bekam ich dutzende Emails von Leuten, die mich darauf hinweisen wollten, das man sich eben doch beim Arbeitsamt oder bei der ARGE für einen Urlaub abmelden kann. Diesen Leuten sei gesagt, das es es hier auf dieser Webseite um das Leben in Thailand geht und nicht um einen Urlaub in Thailand.

Ich kenne mich mit den genauen Bestimmungen für Hartz 4 in Deutschland nicht aus aber es scheint so zu sein, dass man sich tatsächlich für einen Urlaub bei der

ARGE abmelden kann, währen dieser Zeit dann aber keine Unterstützung mehr erhält.

Wer aber ohne sich abzumelden und für längere Zeit nach Thailand geht und versucht dort auch weiterhin die Unterstützung vom deutschen Staat zu kassieren, muß damit rechnen, wegen Betruges angeklagt zu werden. Gerade in letzter Zeit gingen da einige Meldungen durch die Presse, wo ein paar Deutsche genau das probiert hatten.

Trotz allen Negativmeldungen über Hartz 4, ist es aber dennoch ein wichtiger Teil im deutschen Sozialsystem, das auch für Auswanderer von großer Bedeutung sein kann. Denn wenn es in Thailand mal schief gehen sollte, - und das kommt geade in Thailand ziemlich häufig vor, ist es doch gut zu wissen, dass es da im Heimatland ein System gibt, das einen im schlimmsten Fall wieder auffängt, mit Krankenversicherung und allem was dazu gehört.

Hier einige Tips und Informationen zur Eheschließung mit einem Thaipartner:

Das Brautgeld

Um eine Thaifrau zu heiraten zu können, muß man sie normalerweise bei den Eltern gegen einen bestimmten Betrag "auslösen". Dieser Betrag, auch als "Brautgeld" oder "Milchgeld" bezeichnet, wird um so höher, je höher der Stand der Familie in der Gesellschaft ist. Ein armes Mädchen aus ländlicher Gegend im Issan kostet dabei vielleicht so um die 20.000 bis 50.000,- Baht wärend bei höher gestellten (reicheren) Familien auch Beträge von mehreren hundert Tausend oder gar Millionen Baht keine Seltenheit sind. Das ist so, wie bei uns die Mitgift, nur eben umgekehrt.

Die Buddha Hochzeit:

Wer nach Thailand auswandert und dort längere Zeit lebt, wird sich früher oder später auch mal in eine Tochter des Landes verlieben und sich mit der Frage nach einer Heirat auseinandersetzen müssen. Wer nicht unbedingt die finanziellen und rechtlichen Nachteile einer normalen Eheschließung auf sich nehmen will und nicht mit dem Gedanken spielt die Angebetete irgendwann eimal auf Dauer mit nach Deutschland zu nehmen, kann versuchen sich mit einer Buddha Hochzeit aus der Affäre zu ziehen.

Die Buddha Hochzeit gleicht in Deutschland der kirchlichen Trauung, hat aber keine rechtlichen Konsequenzen bezüglich Gütertrennung etc. Das heißt die Hochzeit wird nicht beim Amt eingetragen. Man kann dann natürlich auch keine Vorteile, etwa bezüglich der Aufenthaltsgenehmigung (Visum) daraus ziehen. Die Thais selbst sind, zumindest wenn sie aus eher ärmlichen Verhältnissen stammen, mit dieser Variante zufrieden und einverstanden. Sie sind jetzt mit einem Farrang verheiratet und das war's...

In Deutschland heiraten:

Um in Deutschland eine Thaifrau zu heiraten, braucht die Dame erstmal ein Fiance Visum (Visum zur Eheschließung) um überhaupt nach Deutschland reisen zu können. Eine Hochzeit in Deutschland mit dem Touristenvisum ist normalerweise nicht möglich.

Die Papiere, die für die Visumausstellung bei der Botschaft erforderlich sind, sind in etwa die gleichen wie die, die später auch beim deutschen Standesamt für die Eheschließung benötigt werden:

Reisepass, Geburtsurkunde, Ledigkeitsbescheinigung, Hauspapier (Tabien Baan), Krankenversicherung für Deutschland (ADAC), ggf. noch eine Bescheinigung über frühere Namensänderungen. Außerdem muß, noch in Thailand, ein Deutschtest (A1=Grundkenntnisse der deutschen Sprache) absolviert werden. Normalerweise wird dieser Test bzw. Lehrgang beim Goethe Institut in Bangkok durchgeführt. Für weitere Informationen zur Visaausstellung, bitte die deutsche Botschaft in Bangkok kontaktieren.

Die thail. Dokumente sollten am besten noch in Thailand von einem vereidigten Übersetzer ins Deutsche übersetzt und von der deutschen Botschaft legalisiert werden.

Das "Heiratsvisum" wird normalerweise für 3 Monate ausgestellt und kann vor Ort in Deutschland nochmal

um 3 Monate verlängert werden. Man sollte also mit der Hochzeit nichts über's Knie brechen aber auch nicht zu lange warten, da nach der Anmeldung beim Standesamt die Papiere in der deutschen Beamtemmühle noch überprüft werden müssen. (6 - 8 Wochen).
In Thailand heiraten:

Um als Deutscher in Thailand zu heiraten, braucht man neben dem Reisepass und Geburtsurkunde ein Ehefähigkeitszeugnis. Dieses wird beim zuständigen Standesamt in Deutschland nur für die Hochzeit mit einer bestimmten Person ausgestellt und dafür bedarf es genau der gleichen Papiere von der Thaifrau, wie sie sie auch für eine Hochzeit in Deutschland benötigt hätte (siehe oben). Für das thailändische Standesamt braucht man dann noch eine Konsularbescheinigung, die bei der deutschen Botschaft in Bangkok gegen Vorlage des Ehefähigkeitszeugnisses und der Angabe einiger Personalien ausgestellt wird. Hat man alle Papiere zusammen, kann man bei jedem thail. Standesamt auch ohne Voranmeldung heraten.

Um die thail. Ehefrau dann auch mit nach Deutschland nehmen zu können bedarf es dann noch eines entsprechenden Visums zwecks "Familienzusammenführung".

Seit einigen Monaten müssen die Thais aber trotz Heirat noch eine Deutschprüfung und Lehrgang absolvieren, bevor die Deutsche Botschaft in Bangkok das Visa auch ausstellt.